MA[illegible]

O KOBIETACH POLSKIEJ MAFII

JAROSŁAW SOKOŁOWSKI „MASA”

W ROZMOWIE Z ARTUREM GÓRSKIM

MASA

O KOBIETACH POLSKIEJ MAFII

Prószyński i S-ka

Projekt okładki
Zbigniew Larwa

Zdjęcie na okładce
Katarzyna Paskuda
paskudaphotography.com

Zdjęcia pochodzą z archiwum Jarosława Sokołowskiego.
Nie traktujemy ich jako ilustracji do konkretnych rozdziałów,
ale jedynie jako uzupełniający materiał reporterski.
Dlatego też nie zostały podpisane.

Redaktor prowadzący
Michał Nalewski

Redakcja
Andrzej Opala

Korekta
Anna Mirkowska

Łamanie
Alicja Rudnik

ISBN 978-83-7839-719-9

Warszawa 2014

Wydawca
Prószyński Media Sp. z o.o.
02-697 Warszawa, ul. Rzymowskiego 28
www.proszynski.pl

Druk i oprawa
DRUKARNIA TINTA
13-200 Działdowo, ul. Żwirki i Wigury 22
www.drukarniatinta.pl

Dlaczego właśnie Masa?

Dlaczego mamy wierzyć akurat Masie, dlaczego jego wspomnienia mają być wiarygodniejsze (i ciekawsze) od relacji innych gangsterów, którzy zajmowali najważniejsze miejsca w hierarchii pruszkowskiej mafii?

Z pewnością niejeden potencjalny czytelnik zada sobie to pytanie, zastanawiając się nad zakupem książki *Masa o kobietach polskiej mafii*. Fakt, książek o rodzimej przestępczości zorganizowanej jest wiele, część z nich napisali nawet sami gangsterzy i zdaniem niektórych w tej kwestii powiedziano już wszystko.

To nonsens!

Prawda jest zupełnie inna – treści krążące w czytelniczym obiegu to w najlepszym razie zbiór półprawd i niedopowiedzeń; spis plotek, pogłosek i zdarzeń, które nigdy nie miały miejsca. To historia polskiej przestępczości wykreowana przez rozmaite ośrodki (od organów ścigania po media) zainteresowane utrwaleniem własnej jej wersji.

Tymczasem Masa wie, jak było naprawdę. I mało kto, nawet spośród pruszkowskich kompanów Jarosława Sokołowskiego, dysponuje porównywalną wiedzą. Dlaczego? To proste – przede wszystkim Masa był w mafii pruszkowskiej od samego początku. Tworzył ją i wywalczył dla niej czołowe miejsce na gangsterskiej mapie kraju. Właśnie jego brawurowe (choć naturalnie naganne) akcje rozbijania dyskotekowych bramek, czyli, mówiąc wprost, prania po pyskach ochroniarzy, dały początek legendzie o niepokonanych chłopcach z pruszkowskiego „miasta". Może z dzisiejszego punktu widzenia te ataki na świątynie stołecznej rozrywki jawią się nieco groteskowo, ale w tamtym czasie, na przełomie lat 80. i 90., były świadectwem narodzin brutalnej i niezwykle skutecznej grupy przestępczej.

Jednak wobec tego, co nastąpiło wkrótce potem, dyskotekowe potyczki były jedynie humorystycznym epizodem. W maju 1990 roku, w miejscowości Siestrzeń pod Warszawą, w wyniku gangsterskich porachunków zginęło dwóch pruszkowskich mafiosów wywodzących się ze starej gwardii – Lulek i Słoń. Choć za początek historii polskiej mafii powszechnie uważa się policyjną akcję przeciwko gangsterom w hotelu George w Nadarzynie (lipiec 1990 roku), to tragedia w Siestrzeni dla wielu ludzi z „miasta" stanowiła coś w rodzaju mitu założycielskiego grupy. Masa był uczestnikiem tamtego zdarzenia.

Odwaga, wsparta pokaźną muskulaturą Masy i jego „towarzysza broni" Wojciecha K. „Kiełbasy", wzbudziła zainteresowanie starej gangsterskiej gwardii, której gwiazdami byli między innymi: Ireneusz P. „Barabas" (nazwany przez media Barabaszem), Janusz P. „Parasol", bracia Mirosław i Leszek D., czyli Malizna i Wańka, oraz Zygmunt R. „Bolo". Doświadczenie PRL-owskich recydywistów połączone z entuzjazmem młodych zaowocowało powstaniem najsłynniejszej mafii w historii Polski. Mafii, która jeszcze długo będzie wzbudzała zainteresowanie Polaków i prawdopodobnie nie doczeka się godnego kontynuatora. No i bardzo dobrze – rzecz jasna.

Masa nigdy nie znalazł się na samym szczycie władzy grupy pruszkowskiej (gdyby się na nim znalazł, nie mógłby uzyskać statusu świadka koronnego), ale był na tyle blisko niego, że doskonale wiedział, jak ta władza funkcjonuje i jakimi ludźmi są bossowie. Ci ostatni tak bardzo ufali Masie, że w pewnym momencie to on właściwie rządził grupą, był kimś w rodzaju prezesa korporacji, który ma nad sobą jedynie właścicieli.

Jednocześnie Jarosław Sokołowski utrzymywał stały kontakt z mafijnymi dołami – jego umięśnieni bojówkarze realizowali polecenia góry, która już nie musiała się martwić o to, czy wszystko przebiegnie po jej myśli. Od tego był Masa – on miał zapewnić starym pruszkowskim i spokój, i pieniądze.

Właśnie z powyższych powodów którykolwiek z bossów, gdyby go spytać, jak wyglądały konkretne operacje gangsterskie, miałby kłopot z ich dokładnym opisaniem. Bo go przy nich nie było. A Jarosław Sokołowski, krążąc między górą a dołem, wszystko widział i wszystko słyszał. Co więcej – jego losy tak się potoczyły, że musiał kilkakrotnie wchodzić w ryzykowne sojusze: najpierw przyjaźnił się z Kiełbasą (czy, jak czasem sam o nim mówi, Kiełbachą), a gdy ten zaczął szukać sobie kompanów w konkurencyjnym gangu, ich drogi się rozeszły. Pracował dla starych, czyli Parasola i Wańki, a po pojawieniu się Andrzeja K., czyli Pershinga, przeszedł pod jego skrzydła. I wszedł w konflikt z dotychczasowymi szefami. Podczas gdy Pruszków prowadził wojnę podjazdową z gdańskim bossem Nikodemem S. „Nikosiem", Masa – nie bacząc na wściekłość starych – pił z nim wódkę i robił interesy.

Można zatem powiedzieć, że szedł po bandzie, narażając się na bolesny upadek, ale to właśnie dzięki temu więcej widział i więcej wiedział.

To nie wszystko: podczas gdy pruszkowscy bossowie raczej kisili się we własnym sosie, spędzając całe dnie na wspólnym balowaniu i wspominaniu historii sprzed lat, Masę ciągnęło do wielkiego świata. Bywał na rautach z udziałem polityków, spotykał się z gwiazdami popkultury, brylował na imprezach sportowych. Z tej potrzeby dorównania elitom (i oczywiście zgarnięcia wielkich pieniędzy) powstała jedna z najlepszych dyskotek w tej części Europy – warszawska Planeta. Dla jej właściciela, czyli Masy, to był zupełnie inny świat, pełen przepychu i kamer, świat, do którego nie mieli wstępu nawet pruszkowscy bossowie. Właśnie tam Masa popijał whisky z dziewczynami ze Spice Girls czy z gwiazdorami Modern Talking i podsuwał laski słynnemu koszykarzowi-aktorowi Dennisowi Rodmanowi. Tam zabawiał się z kobietami i decydował o tym, które z nich zdobędą koronę w konkursach piękności. Wśród gości dyskoteki nie zabrakło nawet Al-Saadiego, jednego z synów libijskiego dyktatora Mu'ammara al-Kaddafiego! Nie wspominając o takich championach sportu jak Andrzej Gołota czy Dariusz Michalczewski...

Między innymi dzięki Planecie z napakowanego gangusa Masa zamienił się w celebrytę, z którym znajomość stawała się powodem do dumy. W pewnym momencie właśnie jego klub stał się dla niego przepustką do lepszego towarzystwa.

A potem karta się odwróciła – czując na plecach oddech pruszkowskich starych, Masa postanowił uciec z mafii i podjąć z nią walkę jako świadek koronny. Dzięki jego zeznaniom, składanym od 2000 roku, udało się skutecznie uderzyć w Pruszków i na długie lata zamknąć jego szefów oraz „żołnierzy". Wersję Masy potwierdził niezawisły sąd, co jest niezłą rekomendacją również dla... tej książki.

Ale ten etap – współpraca z wymiarem sprawiedliwości – stał się także dla Jarosława Sokołowskiego okazją do poznania ciemnej strony mocy, tyle że widzianej od strony prawa. To też była dla niego wielka lekcja.

Czy to znaczy, że Masa ujawnił sądowi wszystko, co miał do powiedzenia? Nie – wiedza procesowa konieczna do skazania przestępców to jedno, a cała reszta, której sąd nie potrzebował (czyli kilka razy tyle), to drugie. I właśnie te pominięte informacje są podstawą opowieści, z której powstała książka *Masa o kobietach polskiej mafii*.

Jeśli Jarosław Sokołowski ujawnia wszystko, co wie o polskiej przestępczości zorganizowanej – w tej opowieści koncentrując się na kobietach mafii – to można mieć pewność, że żaden inny autor nie jest w stanie bardziej niż on zbliżyć się do prawdy.

Książkę tę dedykuję mojej Kasi.

Jarosław Sokołowski

OD AUTORA:

Jarosław Sokołowski „Masa"

– Na co komu kolejna książka o polskiej mafii? – zapytacie. Przecież na ten temat powiedziano już wszystko, a księgarniane półki uginają się pod ciężarem coraz to nowszych publikacji.

Odpowiem krótko: żal mi tych półek, bo muszą dźwigać ciężar, który często ma niewielką wagę gatunkową. Rzeczywiście – publikacji o polskiej mafii jest sporo i wciąż pojawiają się kolejni specjaliści ujawniający nowe rewelacje na temat burzliwych lat 90.

Problem w tym, że czytając książki i artykuły o mafii, przeważnie zadaję sobie pytanie: czy ich autorzy nie żyją przypadkiem w jakimś równoległym świecie, w którym istnieje Pruszków bis, przypominający wprawdzie ten mój, ale jedynie w niewielkiej części? Gdy dochodzi do porównania detali, to nasze światy – czy raczej nasze wersje zdarzeń – rozjeżdżają się w zupełnie różnych kierunkach.

Niedawno czytałem artykuł cenionego dziennikarza śledczego, który w jednym z portali internetowych opowiada w odcinkach o grupie pruszkowskiej – ten akurat był poświęcony mojemu przyjacielowi, czyli Wojciechowi K. „Kiełbasie". Nie wdając się w szczegóły, powiem tylko: cztery zdania, pięć błędów. Zgadza się jedynie to, że Wojtek nie żyje. Wszystko inne zostało wyssane z palca. Ile zatem są warte takie informacje? Nie wspominam już o nadawaniu gangsterom ksywek przez media – wielu z nich dowiedziało się o swoich pseudonimach z prasy. W tej książce jednak będziemy się trzymać medialnej wersji, żeby nie robić dodatkowego zamieszania. Skoro dziennikarze nazwali Zygmunta R. Bolem (a nigdy Bolem nie był; ten pseudonim nosił ktoś zupełnie inny), to niech już tak zostanie.

Autorzy bestsellerowego *Alfabetu mafii*, Ewa Ornacka i Piotr Pytlakowski, we wstępie do nowej edycji tego dzieła napisali: *Kiedy tworzyliśmy pierwsze wydanie* Alfabetu mafii, *mieliśmy złudne poczucie, że o przestępczym świecie wiemy prawie wszystko. Dzisiaj, po latach, pora się przyznać do grzechu pychy. Nie wiedzieliśmy wszystkiego wtedy, nie wiemy też teraz, a czasem mamy świadomość, że gubimy się w meandrach tego świata**.

Cytując filmowego klasyka, mogę skomentować to krótko: *Przez grzeczność nie zaprzeczę*. Tak jednak – uczciwie – powinna postawić sprawę większość rodzimych „speców od mafii".

Oczywiście, trudno winić dziennikarzy, bo przecież dysponują oni jedynie wiadomościami krążącymi w mediach i nie zadają sobie trudu, żeby je weryfikować. Inna sprawa, że często nie wiedzą, gdzie to zrobić i z czyją pomocą.

Dodatkowo pewną rolę w dezinformowaniu społeczeństwa odegrało kino, które – takie jego prawo! – przedstawiło polską mafię we własnej, mocno ubarwionej wersji. Niestety, wielu Polaków uwierzyło, że prawda ekranu jest prawdą obiektywną.

---

* E. Ornacka, P. Pytlakowski, *Nowy alfabet mafii*, Poznań 2013, s. 7.

Jeśli jednak kogoś interesuje to, jak faktycznie funkcjonowała rodzima przestępczość zorganizowana, musi zapomnieć o kinie, literaturze i najgorszym nośniku wiedzy, czyli plotkach.

Co tu dużo gadać – sędziowie orzekający w kolejnych procesach Pruszkowa nie zawsze dochodzą do właściwych wniosków. Nie zamierzam poddawać krytyce naszego wymiaru sprawiedliwości, ale zastanawia mnie, dlaczego zapadają takie, a nie inne wyroki. Dlaczego na wolności są ludzie, którzy powinni oglądać niebo przez kraty – dla dobra ogółu, a nierzadko także dla własnego bezpieczeństwa? Ludzie wierzą, że gangster X jest niewinny, bo wypuszczono go na wolność, a ja wiem, że ma wiele na sumieniu, chociaż prokuratura nie była w stanie mu tego udowodnić.

Jest to jednak tylko element większej całości – cała prawda o mafii wciąż czeka na opisanie, bo dotychczas więcej jest na jej temat spekulacji niż faktów. I ja zamierzam pomóc tej prawdzie dotrzeć do Polaków.

Można powiedzieć, że byłem przy narodzinach grupy pruszkowskiej, byłem uczestnikiem i świadkiem najważniejszych wydarzeń w jej historii i wiem na ten temat naprawdę bardzo dużo. Owszem, wszystko ujawniłem organom ścigania, ale to, po pierwsze, wypłynęło na zewnątrz w formie bardzo zniekształconej (przypominają mi się dowcipy o radiu Erewań), a po drugie, zeznania ograniczały się do informacji niezbędnych z procesowego punktu widzenia. Koloryt funkcjonowania kryminalnego podziemia w nich znikał, a moim zdaniem to jest dla czytelnika najciekawsze. Ta książka i kolejne, które przygotowujemy, pokażą czytelnikom, co to znaczyło być pruszkowskim gangsterem, jakie profity i zagrożenia się z tym wiązały. Mówiąc krótko – takiego filmu nie zobaczycie w żadnym kinie! Zapewniam, że odsłonię przed Wami świat, z którego istnienia w ogóle nie zdawaliście sobie sprawy.

Wiem, że tego typu świadectw jest więcej, ale musicie pamiętać o jednej, podstawowej rzeczy: relacje bossów, którzy faktycznie rozdawali karty w mafijnym biznesie, a następnie zostali „przeczołgani" przez prawo, zawsze będą miały na celu obronę ich – rzekomo – dobrego imienia. Z kolei rewelacje pochodzące od płotek, które dziś kreują się na wielkich gangsterów (kto to sprawdzi?), mają zerową wartość i lepiej zająć się czymś pożyteczniejszym niż ich lekturą.

Zresztą na wybitnych speców od Pruszkowa kreują się nie tylko gangsterzy, ale także prawnicy, co czasami przybiera formy karykaturalne. Oto przykład. W jednym z pruszkowskich procesów asystentką pewnego wybitnego adwokata była pani L. W czasie rozprawy wręcz nie dawała dojść do głosu swojemu szefowi, gwiazdorzyła, stawiała świadkom absurdalne pytania, wykazując się przy tym zupełną ignorancją, i tak naprawdę psuła całą robotę adwokatowi. Ten w pewnym momencie nie wytrzymał i warknął do niej: „Siad!". Sala zamarła. Rzeczywiście, na chwilę ją zgasił, ale jak się miało okazać – nie na długo. Po kilku latach spotkałem ją na kolejnej rozprawie. Tym razem bez żadnych zahamowań kreowała się na wybitną znawczynię polskiej przestępczości zorganizowanej. Jak oznajmiła wszem wobec – zęby zjadła na mafii pruszkowskiej. Dobrze, że nikomu po tych zębach nie zostały ślady.

Wiem, co myśli wielu z Was: Masa gangster chce się wybielić i dalej pogrążać byłych kompanów.

To nieprawda – nie będę się wybielał, o czym przekonacie się z lektury tej książki. Kiedyś byłem naprawdę złym człowiekiem

i ludzie, którzy się mnie bali, wiedzieli, dlaczego się boją. Ale to jest przeszłość – teraz staram się naprawiać błędy popełnione za młodu, a jako świadek koronny płacę wysoką cenę za decyzję o współpracy z wymiarem sprawiedliwości.

Niczego też nie zmyślam, bo niczego bym nie ugrał – to, co zeznałem prokuraturze, wchodzi do tak zwanego pakietu umorzeń i ci, którzy choć trochę znają się na prawie, wiedzą, że naraziłbym się na kłopoty, gdybym teraz zaczął konfabulować, kreować jakąś własną, fałszywą wersję wydarzeń z przeszłości.

A ja już mam dość kłopotów.

Jedyne czego chcę, to opowiedzieć Wam, jak naprawdę wyglądało życie w mafii i jaką rolę w historii III RP odegrała grupa pruszkowska. Zapewniam Was, że była to bardzo duża rola, a kontaktów z nami do dziś wstydzi się wiele osób z ówczesnego świecznika.

Jesteście gotowi na zaskakującą podroż w czasie? Jeśli tak, to zapraszam.

OD AUTORA:

Artur Górski

Był luty 1996 roku, gdy wraz z kolegą z redakcji tygodnika „Wiadomości Kulturalne", w którym zajmowałem się literaturą i kulturą masową, słuchaliśmy radia. Zelektryzowała nas wtedy wiadomość z ostatniej chwili o śmierci pruszkowskiego gangstera Wojciecha K. „Kiełbasy" (o którym Jarosław Sokołowski „Masa" czasami mówi w tej książce Kiełbacha). *Zdaniem policji za zamachem najprawdopodobniej stoi gangster o pseudonimie Masa* – poinformował spiker i przeszedł do kolejnej informacji.

Przyznaję: po raz pierwszy usłyszałem wtedy o istnieniu Masy. Jak na dziennikarza interesującego się problematyką kryminalną – dość późno.

– Wyobrażam sobie, jak musi wyglądać ten Masa – powiedział mój kolega, rozpoczynając długi monolog na temat napakowanych „karków", które stanowiły zdecydowaną większość w strukturach rodzimej przestępczości zorganizowanej.

Mnie nie interesowało, jak wygląda Masa. Miałem nadzieję, że nigdy nie będę musiał na własne oczy oglądać człowieka, który stał się dla mnie ucieleśnieniem zła i okrucieństwa.

Od tamtego dnia minęło ponad siedemnaście lat. Ze wspomnianym kolegą redakcyjnym straciłem kontakt, a moim nowym kolegą – tym razem w magazynie „Śledczy" – został... Masa. Zaproponowałem mu felieton w kierowanym przeze mnie piśmie i po pewnym czasie doszliśmy do wniosku, że warto byłoby zaprezentować historię grupy pruszkowskiej w formie książki.

I tak powstał tom *Masa o kobietach polskiej mafii*.

Dziś wiem (czy raczej – chcę w to wierzyć), że Masa nie miał nic wspólnego ze śmiercią swojego przyjaciela Wojciecha K., choć od czasu do czasu media powątpiewają w jego niewinność. Gdyby jednak było inaczej, on nie zostałby świadkiem koronnym, a ja musiałbym szukać innego wspólnika literackiego.

Masa nie jest też już dla mnie ucieleśnieniem zła i okrucieństwa, ale raczej symbolem dramatycznej próby wydostania się z mafijnego bagna. Próby, która nie wszystkim się udaje.

Kiedy zacząłem współpracę z Jarkiem Sokołowskim, często pytano mnie, dlaczego koleguję się z gangsterem i pozwalam mu przedstawiać jego – z pewnością zakłamaną – wersję wydarzeń. *Kolejnych kumpli chce pogrążyć?* – pytano zgryźliwie, przypisując mi współdziałanie w złej sprawie. Ba, na Facebooku potraciłem nieco znajomych, bo uznali mnie oni za adepta sztuki gangsterskiej.

Fakt – jak to się mówi w bandyckiej kminie, „latam" z Masą, ale nie jako gangster, lecz jako współautor książki, która, mam nadzieję, wywoła trochę fermentu i wniesie wiele do dyskusji o rodzimej przestępczości zorganizowanej. Masa jest dla mnie kompanem w wielkiej dziennikarsko-literackiej przygodzie, w odkrywaniu mojej Atlantydy. Nawet jeśli zatonęła gdzieś między Pruszkowem a Wołominem.

Zanim podjąłem decyzję o pracy nad tą publikacją (i wcześniej, gdy zaproponowałem Masie felieton) miałem oczywiście sporo rozmaitych wątpliwości, ale wiedziałem, że mogę je rozwiać jedynie „w boju", czyli we wspólnej grze. Ta gra – co naturalne – zakłada także weryfikowanie słów Masy w innych źródłach, często niezbyt mu przychylnych.

Praca nad książką *Masa o kobietach polskiej mafii* uświadomiła mi, jak bardzo złożoną i wieloznaczną materią była rodzima przestępczość zorganizowana lat 90. Zrozumiałem też, że aby ją oceniać, trzeba ją poznać naprawdę bardzo dobrze. Wciąż nie mogę się uważać za eksperta w tej dziedzinie i być może nigdy nim nie zostanę, tym bardziej że moim zadaniem jest „prowadzenie przesłuchania", a nie występowanie w roli mentora. Ta rola mi wystarczy.

Dlaczego naszą opowieść zaczynamy od kobiet? A czy trzeba to tłumaczyć? To fascynujący wątek funkcjonowania mafii, często zresztą eksplorowany przez kino i literaturę. Jakie były kobiety, które umiały zawrócić w głowach twardzielom z kałaszami i wpływać na ich działalność przestępczą? Czy rzeczywiście opływały w luksusy i czy cieszyła je fortuna zdobyta dzięki krzywdzie innych?

Powiem krótko – nie ma jednej prawdy o kobietach w taki czy inny sposób związanych z mafią i w tej książce staramy się to pokazać. Może to zabrzmi nieco patetycznie i tandetnie, ale w ich życiu było tyle samo szampana, ile łez.

O czym czytelnik za chwilę sam się przekona.

ZAMIAST PROLOGU

Wszyscy myślą, że wciskamy kit...

Popołudniowe wrześniowe słońce oświetla polanę kilka kilometrów na południe od Pruszkowa. Siedzimy w ośmiu na działce, która niegdyś służyła pruszkowskim gangsterom jako „dziupla". Dziś stoi na niej ładny drewniany bungalow, w którym mieszka gospodarz. Nic już nie przypomina tu dawnych czasów – wydaje się, że od zawsze miejsce to służyło wyłącznie rekreacji.

Tego dnia jest za ciepło, żeby imprezować w środku. Siedzimy więc na zewnątrz i wspominamy nie aż tak odległą przeszłość. Jest dobrze – piękna przyroda, słońce, wódka i grill. Czego chcieć więcej, szczególnie gdy w miarę upływu czasu atmosfera się rozluźnia i wspomnienia stają się coraz barwniejsze? I jeśli głównym tematem są kobiety? Oczywiście, nie tylko one, bo przecież trudno nie poświęcić kilku słów ich partnerom, którzy często gościli na pierwszych stronach gazet, tyle że pod nazwiskami skróconymi do pierwszej litery. Czasami więc wspomnienia te mają formę listy przyjaciół, czasami – rejestru wrogów, a nierzadko – apelu poległych. I tych, którzy padli podczas wymiany ognia, i tych, którzy przegrali w starciu z wódką czy chorobą.

Prawdę mówiąc, z tych wszystkich, którzy tworzyli mafię pruszkowską na przełomie lat 80. i 90., została w zasadzie już tylko garstka. Kiedy więc we wspomnienia wkrada się nieznośny martyrologiczny ton, ktoś rzuca prowokacyjnie: *Zaraz przyjadą Słowik z Parasolem i poprawią nam humory.*

Gwoli wyjaśnienia – Andrzej Z. „Słowik", który kilka tygodni wcześniej opuścił więzienie, i Janusz P. „Parasol" to główni negatywni bohaterowie wspomnień. Tego dnia ucztują byli gangsterzy (i jeden dziennikarz) związani z Masą, a więc ci, którym niespieszno do spotkania ze wspomnianymi bossami Pruszkowa. Wszyscy imprezujący na działce wiedzą, że powstaje książka o historii polskiej mafii i nikomu nie przeszkadza malutki dyktafon leżący między wódką a zakąską. Może wszystkim zależy na tym, aby ta książka była jak najbliższa prawdy, a może po prostu w tym towarzystwie Masie nadal się nie odmawia?

Gospodarzem jest Bawół. Jeśli ktoś z czytelników widzi oczami wyobraźni, jak powinien wyglądać gangster, to Bawół jest jego całkowitym zaprzeczeniem – kulturalny starszy dżentelmen z zawadiackim wąsikiem i rodowym sygnetem na palcu przywodzi na myśl raczej bywalca przedwojennej kawiarni Ziemiańskiej, gdzie spotykała się artystyczna elita Warszawy, niż bandycki Pruszków sześćdziesiąt lat później. I choć trudno go nazwać gangsterem, bo był jedynie taksówkarzem mafii wożącym bandytów na akcje (od przestępczych po erotyczne), to za swój związek z „miastem" zapłacił odsiadką. Konkretnie: pomagał dwóm klientom zza Buga w wykupie samochodu, a ponieważ byli na celowniku policji, wpadł. Ale i tę odsiadkę Bawół wspomina z pewną nostalgią, bo odczuł wówczas na swojej skórze, co to znaczy być z Pruszkowa. Otóż kiedy koledzy spod celi i strażnicy dowiedzieli się, że jest w bliskich związkach z Masą i Parasolem, zaczęli go traktować jak więziennego VIP-a. Mógł nawet – w co trudno uwierzyć – chodzić o dowolnej porze na spacerniak. Choćby w nocy.

Faktycznie w jakimś sensie był członkiem grupy, ze wszystkimi płynącymi z tego profitami, o czym za chwilę.

Bawół, jak sam twierdzi, wie więcej niż niejeden z gangsterów – zna ich sekrety jak każdy zaufany taksówkarz. I, co podkreśla, wszystko, co przeżył z nimi, przeżył prawie wyłącznie na trzeźwo. Jak to człowiek za kółkiem. A zatem nie będzie koloryzował i zmyślał tego, co uleciało z pamięci.

Oddajmy mu głos.

– Trudno sobie wyobrazić, czym naprawdę był Pruszków. Bo nie każdy sobie dziś uświadamia, o jakiej potędze mówimy. Młodzi nawet często nie chcą uwierzyć w to, co się tu działo kilkanaście lat temu. A co się działo?

Oto przykład, mało spektakularny, ale bardzo wymowny. Lata dziewięćdziesiąte, główna ulica Pruszkowa, z jednej strony jedzie swoim samochodem Dzikus, a z drugiej ja. Wiozę Parasola i jeszcze kogoś. Czerwone światło – zatrzymujemy się. Dzikus, czyli Czesiek B., zaczyna rozmowę z Parasolem. Widać, że mają sobie dużo do powiedzenia i raczej szybko nie skończą. Tymczasem zapala się zielone światło. Trzeba ruszać. No, chyba że jest się Parasolem i Dzikusem. Wtedy można robić, co się chce. Gadają, gadają, gadają... Z obu stron tworzą się gigantyczne korki, ale nikt nie trąbi, bo wszyscy wiedzą, kto i dlaczego doprowadził do tego zatoru. Za mną stoi policyjny radiowóz. W normalnej sytuacji reakcja funkcjonariuszy byłaby natychmiastowa, a ja dostałbym mandat. Patrzę w lusterko wsteczne i co widzę? Policja grzecznie wjeżdża na chodnik i wymija nas, nawet nie patrząc na moją taksówkę, żeby nie wkurwić pana Parasola natrętnym spojrzeniem. Oni doskonale zdają sobie sprawę, że jak bossowie mafii chcą porozmawiać, to nie wolno im w tym przeszkadzać. Chwilę później wszystkie samochody korzystają z tego swoistego objazdu. Dzikus i Parasol nawet nie zauważyli całej sytuacji i gadali tak długo, aż im się wyczerpał temat.

Temat gangstera w samochodzie wywołuje lawinę kolejnych przykładów na bezkarność Pruszkowa. Do rozmowy włącza się Sławomir K. „Chińczyk" (nie mylić z Jarosławem M. z grupy Żaby, noszącym ten sam pseudonim), jeden z najbardziej zaufanych ludzi Masy. Panowie do dziś utrzymują ze sobą bliskie kontakty.

– Pamiętam, jak kiedyś Krzyś, to znaczy Ryszard P., jechał napruty jak balon swoim fiatem. Ledwie trzymał prosto głowę. Wreszcie zatrzymał się na ulicy Bolesława Prusa. Nie wiedział, że na ogonie siedzi mu policja, która zorientowała się, że z kierowcą coś jest nie tak. Podjechali, patrzą na niego, a on ledwie unosi łeb i bełkocze: *Kiego chuja? Wypad mi stąd*. No i oni oczywiście grzecznie odjechali. Krzyś to był wyjątkowy gbur, nie tylko dla mundurowych, ale i dla swoich.

Bawół: – Czasem sodówa mu do głowy uderzała, aż miło. W Ożarowie był kiedyś salon z automatami – w zasadzie zwykła buda, ale bardzo popularna. I Krzyś przyjechał po swoją dolę, po haracz. Jak zobaczył, ile jest kapusty, to położył się na stole bilardowym i powiedział, żeby go przykryć banknotami. Zupełnie jakby to była olbrzymia kołdra.

Bawół odchodzi na chwilę od stołu, rozrzuca pogrzebaczem węgiel pod grillem i kładzie na tackach kiełbasę. Masa „posypuje" wszystkim swoją nalewkę. Za chwilę gospodarz wraca do wspomnień.

– Tak się działo w całej Polsce. Teraz, jak to opowiadam, słyszę, że wciskam kit, bo to przecież niemożliwe. Otóż możliwe. I kto był z pruszkowskimi, ten bardzo na tym korzystał. Kto z nimi nie był, musiał mieć się na baczności. Do mnie „miasto" miało szacunek.

Byli gangsterzy, zgromadzeni w domu Bawoła, skwapliwie potakują. Faktycznie, był ich zaufanym człowiekiem i zawsze mógł liczyć na ich przychylność. A gangsterzy naprawdę bywali szczodrzy.

– Często jeździłem w Polskę z Masą. Przeważnie na balety i na popijawy. Jak po dwóch dniach wracaliśmy, to Jarek mi płacił takie honoraria, że aż go musiałem powstrzymywać, mówiłem, że nie zasłużyłem. A on na to: *Masz, jak daję, nie pierdol, że ci się nie przyda*.

Podobnie szczodry wobec zaprzyjaźnionych taksówkarzy był najsłynniejszy amerykański gangster Al Capone. Do legendy przeszedł napiwek dany szoferowi, który przywiózł go na wyścigi konne. Należność za kurs wynosiła zaledwie kilka dolarów, ale Capone rzucił zdumionemu mężczyźnie pięć studolarowych banknotów i zażyczył sobie jedynie, aby taksówka czekała na niego o szóstej. Oczywiście takich przypadków było o wiele więcej. Dlaczego więc nasi bossowie, opływający w podobne fortuny, mieliby zachowywać się inaczej?

Masa: – A ludzie się mnie pytają, gdzie ja, kurwa, przetańczyłem te pieniądze. No tak – właśnie przetańczyłem, miałem kapuchy jak lodu, ale lubiłem też wykazać się gestem. Kiedy byłem w nastroju, sypałem kasą na lewo i prawo. Kiedy ktoś miał problem finansowy, walił z tym do mnie, bo wiedział, że z reguły nie odmawiam. Miałem zawsze kieszenie pełne forsy i wyciągałem z nich takie kwoty, że ludziom opadały szczęki. Nie dawałem po pięćdziesiąt złotych, ale po tysiąc, a często i więcej. Jak szliśmy do knajpy, każdy kelner chciał nas obsługiwać, bo wiedział, że potrafimy okazać wyjątkową hojność w zamian za właściwą opiekę. Dużo zarabiałem, dużo wydawałem i to było normalne. Król przyjechał, złotem płaci – tej zasady trzymałem się do końca.

Ale trzeba przyznać, że Bawół nie miał z nami lekko. Pamiętacie, jak zamieniliśmy jego fiata w czołg wjeżdżający do Berlina? Siedemnastu nas wsiadło do środka. Zresztą nie tylko do środka – także do bagażnika i na dach. Aha, był też mój pies, Ben. Chyba jechaliśmy do sklepu nocnego po gorzałę. To był kurs z fasonem, no nie?

– To ile ty w końcu miałeś tej kasy? – pyta ktoś Masę. Ten zastanawia się i po chwili odpowiada:

– Trudno podać konkretne liczby, tym bardziej że pieniędzy nie trzymałem na koncie, więc nie zachowały się żadne potwierdzenia wpłat czy przelewów. Miałem solidny sejf w domu i to był mój bank, z którego ciągle wyjmowałem i do którego nieustannie wkładałem. Powiem wam tak: w tysiąc dziewięćset dziewięćdziesiątym dziewiątym roku zrobiłem największe w życiu jednorazowe zakupy. Pojechałem do dealera Mercedesa do Anina i zostawiłem tam milion trzysta tysięcy złotych. Nie żadnym przelewem – po prostu wyjąłem kasę i położyłem na stół.

– Przecież nie było wtedy na rynku aż tak drogich samochodów – oponuje ktoś i zaraz słyszy wytłumaczenie:

– A kto mówi, że kupiłem jednego merca? Kupiłem trzy: S klasę i CL dla siebie, a dla żony CLK. Tyle to kosztowało. W ramach rewanżu dostałem złotą kartę Mercedesa.

Lufka. Trzeba po latach opić tę transakcję. S klasa to naprawdę fajna limuzyna.

Bawół: – Pamiętacie tę kelnerkę z barku U Frytki przy dworcu PKP w Pruszkowie?

Wspomnienie kelnerki wywołuje salwę śmiechu. Prawie wszyscy dobrze pamiętają, o co chodzi, ale Masa postanawia jeszcze raz opowiedzieć tę historię.

– Podjechaliśmy kiedyś do Frytki, żeby sobie wypić po piwku i pogadać. No, ale byliśmy już nieźle wstawieni. Po jakimś czasie podchodzi kelnerka, zresztą żona policjanta, i pyta, czy nam czegoś nie potrzeba. No to mówimy, że zabrakło nam fajek. I jak ona się dobrze spisze, to jej się opłaci. Mówiąc krótko – za fajkę sto zielonych, a za przypalenie – pięćdziesiąt. Chyba nie uwierzyła, ale przyniosła papierosy. Jednego, drugiego, trzeciego – w sumie byliśmy tam kilka godzin. W końcu poszliśmy. Wracamy tam następnego dnia i pytamy, czy jest ta nasza kelnerka. A barman nam na to: *Dziś wzięła wolne, bo kupuje sobie samochód.*

Tyle laska zarobiła w kilka godzin.

Bawół: – Ale nie każdy był taki hojny. Często woziłem Parasola. Zdarzało się, że i w dzień, i w nocy. Ale on nie uważał za stosowne, żeby mi płacić. Pamiętam, jak mi kiedyś powiedział: *Widzisz, zapłaciłbym ci, ale zbieram wszystkie pieniądze do worka dla chłopaków, którzy siedzą w puszce*. Pieprzył, oczywiście – żaden chłopak nie zobaczył pieniędzy z tego legendarnego worka. Z Masą było inaczej – jak dostałem trochę forsy i przegrałem ją na automatach, to Jarek mi wszystko zwracał. Oczywiście, robił groźną minę, mówił, że to ostatni raz, ale pieniądze od niego dostawałem. Aż głupio się do tego przyznawać. Wiecie, ile w sumie przegrałem między tysiąc dziewięćset dziewięćdziesiątym siódmym a dwa tysiące pierwszym rokiem? Siedemdziesiąt tysięcy papieru!

Chińczyk: – Mnie też Masa nie żałował, nie powiem. Kiedyś spotkaliśmy się u jubilera – on przyjechał kupić żonie omegę z białego złota, a ja po prostu oglądałem zegarki. Podobał mi się taki jeden firmy Rado. I Masa wtedy, nie wiem, czy nie na żarty, mówi: *Jak będziesz miał urodziny, to ci taki kupię*.

A, kurwa, traf chciał, że to był dwudziesty pierwszy maja, moje urodziny. I chciał, nie chciał, ale wyciągnął kapustę i kupił mi to rado. Jak pokazałem go Mięśniakom*, to im oczy rozbłysły. Zaczęli mi zazdrościć, więc następnego dnia Masa kupił im po telewizorze. Sam Mięśniak dostał mazdę trzysta dwadzieścia trzy.

Wracamy do tematu wyjazdów. Podczas nich główny taksówkarz też korzystał z życia, a przynajmniej gangsterzy dawali mu taką możliwość. W odpowiedzi na pytanie, jak to było na tych licznych pruszkowskich baletach, Bawół wymownie się uśmiecha i przyznaje:

– Pamiętam konkretną sytuację. Przyjechaliśmy do hotelu i oni od razu poszli się zabawiać z panienkami. A ja, jako że byłem zmęczony, poszedłem spać. To znaczy taki miałem zamiar. A tu nagle puk-puk do drzwi. Otwieram, a tam stoją dwie laski i mówią: *My do pana*.

– No i co? Nie dałeś się prosić?

– Ależ skąd, miałem przecież żonę…

– Taaaa, nie ruchał, święty się znalazł – dobiega z drugiego końca stołu.

Chińczyk: – Może i nie ruchał. Ale wszystko potem paplał żonie. A ta z kolei opowiadała innym. No i docierało do mojej kobiety, że wprawdzie Bawół był święty, ale Chińczyk, czyli ja, ruchał panienki. I taki to był z nim interes. Więc pewnego

---

* Mięśniaki – grupa odpowiedzialna za rozwiązania siłowe, kierowana przez Grzegorza Ł. „Mięśniaka" (przyp. A.G.).

razu poszedłem na postój, znalazłem Bawoła i dałem mu w ryj. I mówię: *To taki z ciebie kumpel? Wozisz nas, a potem opowiadasz na lewo i prawo, co my tam robimy? Obowiązuje cię omerta, palancie.*

Słońce powoli zaczyna chować się za drzewami. Robi się coraz chłodniej, ale dzięki intensywnie polewanym trunkom nikt tego nie czuje. Zabawa się rozkręca, każdy sypie wspomnieniami jak z rękawa. Jedne nadadzą się do publikacji, inne autorzy niniejszego tekstu zachowają dla siebie. Bawół ma w zanadrzu jeszcze kilka podobnych historii. Kiedyś zawiózł pijanego Masę do burdelu. Ten kazał dwóm panienkom zająć się taksówkarzem, po czym zamroczony alkoholem zasnął, nawet nie dotknąwszy żadnej z dziewczyn. Agencje towarzyskie były zresztą czymś więcej niż tylko miejscami, w których pospiesznie uprawiano seks – czasami służyły za noclegownie, czasami za biura, gdzie spotykano się w celach biznesowych, czasami za lokale, w których organizowano przyjęcia. Takie gangsterskie świetlice…

Chińczyk: – Dajmy spokój Bawołowi. Przypomniała mi się inna historia. Kiedyś przyjechał do mnie do domu… mniejsza z tym, kto to był. Jeden z bossów. Towarzyszył mu taksówkarz, na którego mówiliśmy Alaska. Przyjechał i mówi: *Jedziemy do burdelu*. Ale taki był najarany, że zanim zaparkowaliśmy pod burdelem, już chciał dymać Alaskę. W samochodzie kazał sobie ściągać spodnie, bo mu łapy drżały. W końcu zadzwoniliśmy po Budzika (Wojciecha B.) i ten go bezpiecznie doprowadził do panienek. On taki był! Swoim chłopakom kazał się po rękach całować, klękać przed sobą. Słowik był nie lepszy.

Jak wobec kogoś czuł się mocny, to pomiatał nim, nieustannie pokazywał, kto tu rządzi.

Bawół: – Wszyscy byli najarani na dymanie, tyle że nie każdy robił z siebie pośmiewisko.

Masa: – Fakt, a większość pań ze Żbikowa* to nie były obiekty szczególnie trudne do zdobycia. Pamiętacie Bumbla? Tego konusa, co kumplom obrabiał kobiety? Przecież jak Bryndziak (Marcin B.) poszedł siedzieć, to ten od razu poleciał do jego żony. Oczywiście z flaszką wódy.

Chińczyk: – U mojej też był, tyle że nic nie dostał. Ale jak poleciał do kobity jednego z naszych, do żony Mai, to wyobracał ją na wszystkie możliwe sposoby. Jak Maja dowiedział się, co jest grane – bo ona się w końcu przyznała – to taką jej rewolucję zrobił, że rany boskie!

Masa: – A Wieżę pamiętacie? Tę, co się kumplowała z Płetwą?

Znowu śmiech – najwyraźniej w tej kakofonicznej opowieści (bo wszyscy się przekrzykują, często wątki urywają się w najlepszym momencie) pojawiły się postacie, które przeszły do legendy. Takiej, oczywiście, którą wspomina się z łezką w oku.

Masa kontynuuje: – Wieża i Płetwa – ksywki stąd, że jedna bardzo wysoka, a druga o wielkich stopach – lubiły się zabawić

* Żbików – owiana złą sławą dzielnica Pruszkowa (przyp. aut.).

z chłopakami i często chodziły tam, gdzie ekipa balowała. Zachodzę kiedyś do Uroczej, popularnej mordowni w Pruszkowie, i widzę, że Wieża i Płetwa napierdalają się z chłopakami. Ale nie chodzi o jakieś tam poklepywanie się po plecach, tylko pranie po mordach. Ale nic, siadam, popijam i podchodzi do mnie Wieża. No to ja coś jej tam burknąłem, chyba nawet rzuciłem mięsem, a ona mnie luuuuu w mordę. Z całej siły. To ja na to: *Ach, ty ruro*, i też buch ją w twarz. Zerwała się i pobiegła do kuchni. A ja za nią. Wtedy ona chwyciła za gar z ziemniakami i chlusnęła mi nimi po oczach. Zagotowało się we mnie i oprawiłem ją solidnie. Ale to była taka herod-baba, że jak jej nie unieruchomiłeś, to wstawała i dalej się tłukła. Ot, takie typowe pruszkowskie nieporozumienie towarzyskie. Wieża i Płetwa to tak naprawdę było dwóch charakternych chłopaków, choć w damskiej skórze.

Chińczyk: – Mąż Wieży to był z nią biedny... Jak zaczął z kumplami robić wódkę ze spirytusu, to dość szybko doszedł do dużej kapusty. No i od razu kupił sobie nowe audi sto – w tamtym czasie to był sam szyk. Postanowił uczcić zakup. Podjechał na postój taksówek, zaprosił chłopaków do środka i zaczęli chlać gorzałę. Ostatecznie nie codziennie kupuje się audi sto. I wtedy pojawiła się Wieża – zobaczyła, że jej mąż pije z kumplami, i wkurwiła się. Poszła do domu po bejsbola i wróciła na postój. Chłopaki nawet nie przeczuwali, jakie zagrożenie nadciąga. Nagle usłyszeli huk – to Wieża rozpieprzała najnowszy nabytek swojego ślubnego. Szyby, dach, maska – w zasadzie samochód można było oddać na złom. Fakt, ostra była babka. Szkoda jej, zapiła się na śmierć. Więcej szczęścia miała Płetwa – znalazła sobie jakiegoś przyzwoitego faceta, zmieniła środowisko. Jak to mówią: ślad po niej zaginął.

Dochodzi dziesiąta wieczorem – węgle pod grillem są już zimne. Prawie tak jak wódka, której nie może zabraknąć na stole. Mimo że dojechało jeszcze kilku chłopaków, impreza powoli zaczyna wchodzić w fazę finałową. Pojawiają się nowe wątki, nowe historie, ale narratorzy opowiadają je pospiesznie, trochę na zasadzie: lepiej po łebkach niż w ogóle. Jednym z ostatnich bohaterów wieczoru wspomnień jest Czesław B. „Dzikus", o którym już wcześniej była mowa.

Masa: – To był jeden z większych elegantów w Pruszkowie, a menda jak mało który. Tyle mi numerów wykręcił, że aż szkoda gadać. Ale tak skubany dbał o siebie, że nawet po pięćdziesiątce miał zęby jak perełki. No i oczywiście z taką gębą mógł być pewien, że niejedna laska poleci na niego.

Chińczyk: – Ale on miał specyficzny gust… Dymał piętnastolatki…

Masa: – Nie tylko. Tak jak i inni był amatorem cudzych kobiet. Kiedyś puknął żonę jakiegoś gościa. Myślał, że mu wszystko wolno, i nie spodziewał się odwetu. Tymczasem tamten kupił sobie belgijkę – taki archaiczny pistolet kaliber sześć trzydzieści pięć milimetra – i poszukał Dzikusa. Jak go zobaczył, to podszedł do niego i strzelił mu w plecy. Ale trafił na farciarza – kula odbiła się od jego łopatki i tyle. Dzikus wrócił do domu, nakleił sobie plaster na małą rankę. Był tak

samo pancerny jak Parasol. Przecież Janusz P. dostał kiedyś trzynaście „pestek" i też wielka krzywda mu się nie stała. Jak widać, odpowiednia masa mięśniowa robi swoje. Kto to zrobił? A cholera wie... Jakiś dobry człowiek. Parasol na pewno zasłużył i niejeden chciałby zrobić to samo. No, ale egzekucja się nie powiodła.

Po tej strzelaninie Janusz wsiadł do taksówki i pojechał do chłopaków na Wrzesin*, żeby wydać im jakieś dyspozycje. Dopiero potem zawieźli go do szpitala, gdzie mu wyjęto kule. Parasol miał wielu wrogów, ale podejrzewam, że najgorzej życzyły mu kobiety, które dręczył. A był w tym niedoścignionym

* Wrzesin – dzielnica Pruszkowa, w której znajduje się szpital (przyp. A.G.).

mistrzem. Niejedna prostytutka czy tancerka go-go, która miała nieszczęście spotkać go na swej drodze, z radością wywaliłaby mu w łeb magazynek.

I tak po raz kolejny schodzimy na tematykę damsko-męską. Może to więc dobry pomysł, aby opowieść o najsłynniejszej polskiej mafii rozpocząć od kobiet, które krążyły wokół Pruszkowa?

*

Kobieta mafii ma – według wielu – twarz Nastassji Kinski. Ta piękna niemiecka aktorka o polskich korzeniach wcieliła się w jedną z głównych ról gangsterskiej sagi pod oryginalnym tytułem *Bella Mafia*. Zagrała Sophię Luciano, która po śmierci męża mafiosa – wraz z innymi wdowami po gangsterach – przejmuje bandycki interes i radzi sobie nie gorzej niż mężczyźni, sięga po brutalne metody, ponoć tradycyjnie zarezerwowane dla facetów.

Ci, którzy sądzą, że takie kobiety jak Sophia istnieją wyłącznie w wyobraźni producentów z Hollywood i należą do świata, który w rzeczywistości nie istnieje – są w błędzie.

Kobieta mafii ma bowiem wiele twarzy i jeszcze więcej znaczeń. Raz jest to faktyczna przywódczyni grupy przestępczej, raz jedynie małżonka gangstera, w mniejszym bądź większym stopniu zorientowana co do charakteru pracy, którą wykonuje jej druga połowa.

Zresztą nie ma się co ograniczać wyłącznie do żon – wiadomo, że gangsterzy, świadomi ulotności swej fortuny i sławy, łapczywie korzystają z tego, co im podsuwa życie. A oprócz czasami naprawdę wielkich pieniędzy podsuwa im ono piękne kobiety gotowe odgrywać rolę tej drugiej, nieformalnej, czasami o wiele ważniejszej od żony.

Mówiąc krótko, trudno znaleźć gangstera, któremu byłaby niemiła myśl o kochance. O przelotnych „numerach" z dziewczynami, których imion (a nierzadko także twarzy) przestępca pewnie nawet nigdy nie poznał (jeśli „robił to" w ciemności albo w określonej pozycji), nie ma nawet co wspominać.

Kobieta mafii – cokolwiek to znaczy – może więc mieć twarz hollywoodzkiej gwiazdy albo… po prostu jej nie mieć, jako obiekt, który posłużył do zaspokojenia żądzy.

Vita brevis, ars longa, czyli „życie krótkie, sztuka długa" – głosi rzymska maksyma, będąca tłumaczeniem myśli Hipokratesa. W całości sentencja ta brzmi: „Życie krótkie, sztuka długa, okazja ulotna, doświadczenie niebezpieczne, sąd niełatwy".

Czyż można trafniej podsumować obyczaje panujące w strukturach przestępczości zorganizowanej? Świadomość krótkiego życia, najeżonego niebezpiecznymi doświadczeniami, wśród których proces wcale nie był tym najgorszym, powodowała, że chłopcy z „miasta" zawsze lgnęli do kobiet. Tych i tamtych…

Kobiety mafii były więc ważne, dość ważne i zupełne nieważne. Ale czy tego samego nie można powiedzieć o gangsterach? Były ukochane matki, od których wychowania zależało, czy młody człowiek pójdzie drogą przestępstwa czy też nie. Były ubóstwiane, choć zdradzane żony, które czasem chciały wpływać na gangsterskie decyzje mężów, a czasem pragnęły uciec jak najdalej od ich świata. Były także panie, których przygoda z mafią nie trwała dłużej niż kilka chwil.

Przyjrzymy się wszystkim typom kobiet związanych i z samym Pruszkowem, i z innymi organizacjami przestępczymi krążącymi po „mieście” w ciągu ostatniego ćwierćwiecza.

Zacznijmy od tych, od których najchętniej zaczęliby sami gangsterzy.

ROZDZIAŁ 1

Piękne kobiety na skinienie

Jarosław Sokołowski: Nie uwierzyłbyś, jakie one wszystkie były łatwe…

Artur Górski: Naprawdę wszystkie?

J.S.: Mam na myśli te, które nam wpadły w oko. Przecież nie testowaliśmy wszystkich. Tylko najlepsze towary.

A.G.: I mam uwierzyć, że najpiękniejsze kobiety bez żadnych targów, bez żadnych zahamowań lądowały w waszych łóżkach?

J.S.: Nie chcę przesadzać, ale nie będę daleki od prawdy, jeśli powiem, że czasami pstryknięcie palcami wystarczyło za całą grę wstępną. I mówię o naprawdę wystrzałowych laskach.

A.G.: Mnie się jakoś nic takiego w życiu nie zdarzyło.

J.S.: Nie chcę ci robić przykrości, więc tego nie skomentuję.

*

Pewnej nocy zadzwonił telefon. Rozbudzony Masa sięgnął po słuchawkę, obmyślając w duchu przekleństwa, którymi potraktuje rozmówcę mającego czelność niepokoić go o takiej porze. To był Wojciech P., a więc człowiek, który nie miał w zwyczaju dzwonić bez potrzeby.

– O co chodzi?

– Przyjedź do Czarnego Kota, nie pożałujesz…

– Wiesz, która jest godzina?

– A jakie to ma znaczenie? Na dobrą zabawę nigdy nie jest ani za późno, ani za wcześnie.

– Ale o co chodzi?

– Mam dla ciebie prezent.

Masa spojrzał na śpiącą obok żonę. Gdyby się obudziła, pewnie chciałaby się dowiedzieć, jaka to nadzwyczajna okoliczność wygania jej męża nocą z łóżka. Ale spała jak zabita. Zresztą była przyzwyczajona do tego, że Jarek wyjeżdża z domu o dziwnych porach. A to o świcie, a to po północy. Miał dziwną robotę, więc nie mogło być inaczej. Czasem lepiej nie pytać o szczegóły. Mus to mus. A skoro Wojciech P., bajecznie bogaty biznesmen związany z Pruszkowem, zadzwonił z informacją, że ma prezent, tylko głupi by odmówił. Bo P. znany był z takich prezentów, które pamięta się całe życie.

Niespełna godzinę później Masa podjeżdżał swoim mercedesem pod luksusowy stołeczny hotel Victoria. Jego wizytówką był klub nocny Czarny Kot, gdzie balowała elita świata, którego przeciętny Kowalski nie miał prawa zobaczyć – tu królowali cinkciarze, prostytutki i agenci służb specjalnych. W latach 80. mieszkał tu ukrywający się w Warszawie Abu Daoud, palestyński terrorysta z organizacji Czarny Wrzesień, w hotelu przebywał też Abu Nidal, jeden z liderów Fatahu, a także jeden z najsłynniejszych lewackich psów wojny – Ilich Ramírez Sánchez, czyli Carlos. To tu serialowy porucznik Borewicz rozmawiał ze swą rozwiązłą byłą żoną, graną przez Izabelę Trojanowską. Choć formalnie swe ciało oddała ona bogatemu arabskiemu mężowi, jakiś sentyment popychał ją w ramiona dzielnego milicjanta. Ten jednak nie skorzystał...

Tymczasem Masa zastanawiał się, z czyją żoną jemu przyjdzie rozmawiać. I jak się ta rozmowa zakończy.

Gdy wszedł do klubu, ujrzał Wojciecha P. otoczonego wianuszkiem kobiet takiej urody, jakiej nie powstydziłyby się rozkładówki „Playboya" czy „Penthouse'a". Jedna z nich, brunetka z burzą kręconych włosów, szczególnie przykuła jego uwagę.

– Podobają ci się? – spytał retorycznie P. Masa pokiwał głową – często widywał urodziwe kobiety, ale z takim natężeniem piękna nie zetknął się chyba nigdy.

– A może któraś podoba ci się najbardziej? – P. uśmiechnął się, bo doskonale wiedział, że jego spostrzegawczy przyjaciel dostrzegł to, co miał dostrzec.

– Ta brunetka – szepnął Masa, ruchem głowy wskazując zjawiskową dziewczynę.

– Wiedziałem, że ci się spodoba nasza miss.

– Miss?

– Tak, miss z konkursu Miss Polski. To jest właśnie mój prezent dla ciebie.

P. podszedł do ślicznotki, wręczył jej klucz, wskazał Masę i szeroko się uśmiechnął. Ona zresztą też wydawała się bardzo zadowolona. Skinęła ręką na gangstera i chwilę później otwierali drzwi do hotelowego apartamentu.

Noc z najpiękniejszą – przynajmniej oficjalnie – Polką stanowiła dla Jarka jeden z argumentów przemawiających za tym, że wybór drogi gangstera był słuszny.

*

Grupa pruszkowska powstała na przełomie lat 80. i 90., czyli w czasie wielkich zmian polityczno-ekonomicznych i w Polsce, i w naszej części Europy. To wtedy od Kamczatki po wschodnie landy Niemiec tworzyły się wielkie struktury przestępcze. Czy to w krajach byłego ZSRR, czy to w Polsce rozkręcali je starzy kryminaliści, zahartowani przez życie za kratkami socjalistycznych więzień. W szarej rzeczywistości końca komunizmu w Europie to oni mieli się stać forpocztą kapitalistycznego blichtru – to oni, niczym mafiosi z popularnego wówczas serialu *Policjanci z Miami*, mieli tworzyć trendy i decydować o atrakcyjności salonów. Jakie to były salony, to inna sprawa, ale nie ma wątpliwości, że media wyzwolone z więzów cenzury przyglądały się im ze wzmożoną uwagą. Bo bywali tam i politycy, i biznesmeni, i przedstawiciele świata filmu. No i oczywiście ludzie z „miasta", choć zawsze jako „przedsiębiorcy". Tworzyło się coś na kształt nieformalnego układu, który przez lata miał wywierać wielki wpływ na niemal wszystkie dziedziny życia.

To, co działo się wówczas w Polsce, przypominało – z zachowaniem wszelkich proporcji – czasy, w których powstawała i rosła w siłę amerykańska przestępczość zorganizowana lat 20. minionego wieku. W głośnej książce Henrika Höjera *Al Capone, gangi i jazz* zacytowano wypowiedź Jamesa Doherty'ego, reportera prasowego, który miał okazję wielokrotnie spotykać się z bossem wszech czasów. Oto, jak go zapamiętał dziennikarz: *Im więcej o nim pisałem, tym bardziej mu się to podobało. Lubił pokazywać się w świetle reflektorów i zawsze znalazł czas, żeby porozmawiać z nami, dziennikarzami. Lubił reklamę, bo sprzyjała jego interesom. Dzięki niej mógł łatwiej wystraszyć klientów. Wywindowaliśmy go jako numer jeden w świecie gangów. Każdy z gangsterów chciał być numerem jeden w swojej branży. Politycy mawiali w takich sytuacjach: „Możecie pisać, co chcecie, tylko pamiętajcie, żeby bez błędu napisać moje nazwisko"**.

Höjer przytacza też wypowiedź innego przedstawiciela ówczesnych mediów, który chicagowską gangsterkę określił mianem *publicznego spektaklu, przypominającego te, które odbywały się w rzymskim Koloseum; jedyna różnica polegała na tym, że gangsterów nikt nie zmuszał do wychodzenia na arenę. W latach 20. także „uczciwi" ludzie mogli obserwować cały ten show***.

Brzmi znajomo, prawda? Różnią się jedynie dekoracje, ale istota rzeczy pozostaje ta sama. Tam był swing, u nas disco polo; tam cadillaki, u nas mercedesy i beemki, tam strzelano z tommy

---

* H. Höjer, *Al Capone, gangi i jazz*, przeł. W. Łygaś, Warszawa 2012, s. 17.

** Tamże, s. 16.

gunów, u nas z kałasznikowów. Tam dorabiano się na nielegalnej produkcji whisky, a u nas – wódki ze spirytusu Royal.

Ale sława i *modus operandi* – te same.

Jeśli ktoś nie pamięta czasów początku mafii pruszkowskiej, niech sięgnie po archiwalne wydania gazet. Trudno będzie znaleźć numer, w którym zabrakłoby informacji na temat „miasta".

Bo nasi gangsterzy także nie chcieli pozostawać w ukryciu. Nie zamierzali być w cieniu, zresztą media by im na to nie pozwoliły. Pragnęli pokazać Polsce, że są królami życia, z którego umieją czerpać pełnymi garściami. Jak ktoś się do tego nie nadaje, niech siedzi cicho. „Miasto" pokaże rodakom, co to znaczy zabawa. A przecież nie ma dobrej zabawy bez fajnych dup i jeszcze fajniejszych fur – życie musi być szybkie, szalone, imponujące. Po co czekać na śmierć, aby dostać się do raju? Raj jest tu i teraz.

Pruszkowskiemu gangsterowi nie wystarczała jedna laska i jedna fura – im więcej na liczniku, tym większy prestiż w środowisku. A że oba towary były łatwo dostępne…

J.S.: Chłopców interesowało w zasadzie wszystko, co się ruszało: i dziwki, i modelki, i tak zwane przyzwoite dziewczyny, nad którymi trzeba było trochę popracować, ale przeważnie nie chodziło tu o pracę syzyfową. Trochę bajeru i prawie każda pękała.

A.G.: Podejrzewam jednak, że te porządne nie były głównym celem waszych „polowań". Skoro kochaliście blichtr, to pewnie staraliście się, aby na waszych licznikach znalazło się jak najwięcej kobiet, o których przeciętny Kowalski mógł tylko pomarzyć? Na przykład top modelek czy dziewczyn z konkursów piękności.

J.S.: Właśnie tak. I jeśli jesteśmy przy tych kobietach z marzeń, to nie można zapomnieć o roli, jaką w ujarzmianiu ich odegrał Wojciech P.

A.G.: Chodzi o słynnego księgowego mafii pruszkowskiej?

J.S.: A gdzie przeczytałeś, że P. był księgowym Pruszkowa? Podejrzewam, że naczytałeś się artykułów pewnego dziennikarza śledczego, który od lat zalewa gazety morzem bzdur na nasz temat. P. nie był żadnym księgowym – ba, nawet nie był częścią naszej grupy. Nie był także gangsterem, nie uczestniczył w napadach czy rozbojach, a jedynie lubił się otaczać takimi facetami jak my. On nas nobilitował, a my dawaliśmy mu poczucie bezpieczeństwa. Bo, wiadomo, kodeks kodeksem, prawo prawem, ale jednak dobrze, jak stoi za tobą jakaś konkretna struktura, która gdy zajdzie potrzeba, będzie umiała przemówić twoim wrogom do rozsądku.

Wojciech P., podobnie jak my, kochał blichtr – uwielbiał robić wrażenie na ludziach, imponować. Stąd na przykład jego zamiłowanie do pięknych limuzyn, których miał naprawdę sporo. A także, oczywiście, do pięknych kobiet. Kosztami swoich kaprysów nie musiał się martwić – był jednym z najbardziej liczących się deweloperów na polskim rynku, a wówczas, w latach boomu budowlanego, wręcz spał na pieniądzach.

P. wpadł na pomysł, aby odkupić firmę organizującą wybory Miss Polonia, która akurat znalazła się w finansowym dołku. A on już miał firmę Missland, organizującą wybory Miss Polski, konkurencyjny konkurs, w którym startowały także mężatki. Dzięki przejęciu Miss Polonii zwyciężczynie Miss Polski mogły reprezentować nasz kraj w wyborach Miss World, ale musiały się dostosować do regulaminu Miss Polonii. Korona nie mogła zatem przypaść w udziale kobiecie zamężnej. Po tej transakcji odbyły się dwa równoległe konkursy – Miss Polonia i Miss Polski. W jednym z nich zwyciężyła kobieta, w której Wojciech P. zakochał się bez pamięci, kupił jej konia, obsypywał prezentami. Dla nas wejście w ten biznes oznaczało jedno: zaczęło się łojenie najlepszych lasek.

Rok 1990 był w historii mafii pruszkowskiej szczególnie znamienny. Grupa dopiero krzepła, w związku z czym każda afera z jej udziałem była obszernie relacjonowana przez media, a Polakom jeszcze nie myliły się operacje policyjne, gangsterskie pseudonimy i poszczególne struktury przestępcze.

W powszechnej świadomości mafia była monolitem, z którym miała walczyć słaba i skorumpowana policja.

Najważniejszym wydarzeniem tamtych czasów, wręcz ich symbolem, stała się strzelanina w hotelu George w podwarszawskim Nadarzynie. Szóstego lipca po południu miało tam dojść do przekazania okupu przez mężczyznę, któremu skradziono samochód. Po okup zgłosiła się silna grupa, rzecz jasna przybyła z Pruszkowa. Na miejscu jednak byli też zawiadomieni przez okradzionego policjanci po cywilnemu – jak na tamtejsze czasy była to imponująca akcja. Gdy jeden z pruszkowskich, Andrzej C. „Szarak", zaatakował funkcjonariusza, nie mając oczywiście pojęcia, że jest to przedstawiciel organów ścigania, padł strzał. Gangster osunął się na ziemię, ale zmarł dopiero po jakimś czasie. Zatrzymano elitę Pruszkowa, w tym Janusza P. „Parasola", przez pewien czas uważanego za bossa grupy, oraz jego kompanów z dawnych lat: Wojciecha B. „Budzika" i Czesława B. „Dzikiego", choć – z braku dowodów winy – wszyscy wkrótce wyszli na wolność. Do tej akcji na pewno wrócimy, bo uważa się ją za początek działania mafii pruszkowskiej.

Dokładnie w tym samym czasie w Sopocie odbywały się pierwsze wybory Miss Polski, czyli jedno z najwcześniejszych wielkich przedsięwzięć rozrywkowo-towarzyskich Pruszkowa. Dlatego w lożach honorowych znalazło się kilku mafiosów, którzy dzięki temu uniknęli aresztowania w Nadarzynie. Bo ich tam po prostu nie było.

Z tak zwanych starych pruszkowskich, a więc ludzi reprezentujących podziemie kryminalne z czasów PRL, do Perły Bałtyku udał się tylko Zbigniew K. „Ali". To on stał na czele struktury, zanim podporządkował ją sobie Janusz P. Podobnie jak towarzyszący mu Masa i Wojciech K. „Kiełbasa", zabrał ze sobą żonę (o tej damie, Jadwidze, jeszcze wspomnimy, bo to barwna postać). W innym samochodzie znaleźli się młodzi, czyli Dariusz B. „Bysio" i Struś.

J.S.: Mimo że jechaliśmy z żonami, szykowaliśmy się na wielkie dymanie. Gdzieś na wysokości Nidzicy dołączyła do nas autostopowiczka. Ładna dziewczyna, choć zupełnie nie w stylu gwiazdek, które startowały w konkursach piękności – skromna i cicha. Wsiadła do samochodu Bysia i Strusia. Miała zamiar dotrzeć do Olsztynka, ale los szykował jej inną przygodę. Chłopcy natychmiast zaczęli ją bajerować, spodziewali się łatwego „strzału". To było w ich stylu: uciemiężyć i zgwałcić, a potem tak zblatować sprawę, żeby uniknąć konsekwencji.

Na marginesie muszę dodać, że nasi dość często przysparzali kłopotów – kiedyś w Międzyzdrojach zgwałcili trzy dziewczyny, ale mieli pecha, bo jedna z nich okazała się córką miejskiego dygnitarza. Zresztą powiedzieć, że ją zgwałcili, jest nieco nieprecyzyjne. Ona broniła się przed ich „zalotami", jak mogła, więc po prostu... dokonali penetracji wieszakiem. Znęcali się nad nią okrutnie, można powiedzieć, że przeszła prawdziwe tortury. Gdy sprawa trafiła na policję, do akcji wkroczyli nasi chłopcy ze Świnoujścia, na czele ze Sławkiem N., którzy naprawdę dużo mogli i byli poukładani z glinami. Udało się sprawę zblatować.

Tym razem też dobrali się do autostopowiczki, zapewniając, że na pewno odstawią ją do Olsztynka, ale wcześniej cała trójka spędzi razem kilka miłych chwil, i to w eleganckim otoczeniu. Ba, może nawet pojawi się ktoś ważny, kto odmieni jej życie. Nieufna z początku dziewczyna coraz bardziej zaczęła się wahać i brać pod uwagę wariant nakreślony przez nowo poznanych facetów. Zresztą nie miała wielkiego wyboru.

Byś i Struś roztoczyli przed nią perspektywę wspaniałej kariery – oni są filmowcami, a ona idealną kandydatką na gwiazdę. Dziewczyną, jakiej szukają do filmu. Jakiego filmu? Sensacyjnego. Filmu, który wkrótce powstanie i będzie wielkim hitem. Jeśli oni się mylą, to na pewno nie pomyli się słynny reżyser, który ma dobre oko do wschodzących talentów. A tak się akurat składa, że w mercedesie obok jedzie właśnie ON! Sławny reżyser! I jeśli ona będzie się zachowywała jak trzeba, to celebryta zajmie się nią osobiście.

Kawalkada samochodów zajechała do jednego z eleganckich hoteli Trójmiasta.

Po jakimś czasie usłyszałem pukanie do drzwi pokoju, w którym zatrzymałem się ze swoją żoną Elą. Otworzyłem, to był oczywiście Bysio. Szepnął: *Chodź, Jarek, do nas, nie pożałujesz*.

Spojrzałem przez ramię na małżonkę i powiedziałem tubalnym głosem: *Ech, wy głąby kapuściane, nie potraficie ustawić telewizora? No dobrze, wpadnę do was na chwilę, zobaczę, co da się zrobić*.

Przeprosiłem żonę i wyszedłem. Chłopcy wtajemniczyli mnie w szczegóły akcji z dziewczyną i wtedy wpadłem na pewien pomysł. Poszedłem do pokoju Alego i mówię: *Zbyszek, przyjdź do pokoju Bysia i Strusia, potrzebny jesteś, będziesz się wyrabiał na reżysera*.

Potem, już przy nieszczęsnej kandydatce na gwiazdę, mówię do chłopaków: *Słuchajcie, tu nie ma co bajerować, tylko trzeba panią przedstawić reżyserowi. Bo to on decyduje o obsadzie, a nie wy, prawda? Byłem u niego, obiecał, że jak znajdzie wolną chwilę, to wpadnie tu i się wypowie.*

Dziewczynie aż się oczy zaświeciły! I wtedy do pokoju wchodzi sam reżyser. Na chwilę opuścił Parnas, by zorientować się, cóż to za klejnot wpadł w ręce jego ludziom. No, żebyś go wtedy widział! Klasyczna mieszanka Wajdy, Felliniego i Stone'a: zakazana gęba, a na rękach dziary. Ale nie jakieś artystyczne kreacje, tylko kotwica, goła dupa, serce przebite strzałą. Nawet kretyn poznałby na kilometr, że to jakaś totalna ściema.

A ona na jego widok zaczęła szczebiotać: *Panie reżyserze, panie reżyserze, czy to prawda, że może mi pan pomóc w karierze filmowej?*

Kariera zakończyła się równie szybko, jak się zaczęła. Ali oraz chłopcy zrobili swoje – zresztą nie tylko oni, bo do pokoju wparowało jeszcze kilku chętnych do skorzystania z powabów autostopowiczki. Mówiąc nieco nieelegancko – rżnięcie trwało bardzo długo i przerażona dziewczyna nauczyła się o seksie więcej, niż wiedziała do tej pory. Na przykład poznała obowiązującą w Pruszkowie zasadę: dupa, japa, pipa (w tej kolejności) i musiała się pogodzić z faktem, że nikt nie zamierza uprawiać z nią miłości tak, jak w powieściach z cyklu Harlequin. Chłopcy obracali ją na wszystkie możliwe sposoby, a dla niej była to najwyraźniej pierwsza lekcja seksu o lekkim zabarwieniu perwersyjnym. Ale nie protestowała – nadzieja na sławę pomagała jej przetrwać chwile z kilkoma fiutami naraz.

Ale bądźmy szczerzy – zapłaciła za swoją naiwność, a właściwie głupotę. Czy ona naprawdę nie zdawała sobie sprawy z tego, że Ali, Byś i Struś nie wyglądają na filmowców? Naprawdę liczyła na to, że stanie się gwiazdą kina? Powiedzmy, że trochę się jej marzenie spełniło: wzięła udział w próbie do pornosa z gatunku sado-maso.

Po wszystkim dziewczyna została wystawiona na hotelowy parking. Ale dostała pięćset złotych (to było przed denominacją, czyli o cztery zera więcej), więc pojechała do Olsztynka taksówką i pewnie jeszcze jej trochę zostało na drobne wydatki. W sumie stratna nie była. My, oczywiście, też nie – ostatecznie dziennie potrafiliśmy zarobić około dwudziestu pensji górnika. A górnicy nie zarabiali wtedy źle.

Na marginesie (1)

J.S.: W tamtym czasie często jeździliśmy do Berlina. Przeważnie zapraszał nas Wojciech P., który był człowiekiem wybrednym i zadowalał się wyłącznie luksusem w najlepszym stylu. Polska dysponowała wówczas jedynie enklawami luksusu, a i one odbiegały od zachodnich standardów. Takich, jakie oferował Belin Zachodni (ta nazwa wciąż funkcjonowała, choć miasto już się zjednoczyło). Tam można było – w kulturalnych warunkach – zjeść prawdziwy stek i napić się dobrego piwa. Wsiadaliśmy więc do samochodów (a mało kto w Polsce miał takie wozy jak my) i jechaliśmy prosto do Schweizerhofu.

A.G.: Nie do Kempinskiego przy Ku'dammie?

J.S.: Kempinski to skansen dla starych ludzi. My woleliśmy Pullman Schweizerhof, też zresztą w okolicach Ku'dammu. Jak będziesz kiedyś jechał do Berlina...

A.G.: Daj spokój, noc w apartamencie w tym hotelu kosztuje ponad tysiąc trzysta złotych. Znam tańsze...

J.S.: Zgadza się – wówczas było to nawet do tysiąca marek. Dlatego dobrze mieć kogoś takiego jak Wojciech P. Dla niego opłacenie nawet najdroższego hotelu nie było żadnym problemem. Lubił luksus i nie żałował na niego. A nasza grupa ubóstwiała blichtr i pławiła się w nim, kiedy i gdzie tylko było to możliwe. Wprawdzie na wyjazdach wszyscy mieliśmy pieniądze, ale on rzadko kiedy pozwalał nam płacić – zapraszał i był konsekwentny. Błyszczał oczywiście nie tylko na wyjazdach, ale przede wszystkim w Warszawie. Kochał kasyna – głównie to w hotelu Victoria – i potrafił w ciągu jednej nocy zostawić tam milion, dwa miliony nowych złotych. No i kochał kobiety – często brał nas na „zgrupowania" Misslandu, podczas których kandydatki przygotowywały się do występu na galach, i łomotał dziewczyny na potęgę. I my też.

Przypomnijmy, co o tych eskapadach do stolicy Niemiec i godzinach spędzanych w kasynach mówił Masa prokuratorowi: *Jak jechaliśmy na zakupy do Berlina, to P. dawał nam pieniądze. Jak pojechaliśmy w tysiąc dziewięćset osiemdziesiątym dziewiątym roku z Wojtkiem P. do Berlina, to w kasynie pierwszego dnia wygraliśmy piętnaście tysięcy marek i trzy dni graliśmy. Pierwszego dnia wygraliśmy siedemnaście tysięcy marek, drugiego trzydzieści pięć tysięcy marek, trzeciego czterdzieści tysięcy marek, a potem przegraliśmy piętnaście tysięcy marek i Wojtek podzielił to między nas. Wyszło po dwadzieścia tysięcy marek, część przywiozłem do Polski, a za część kupiłem sobie samochód w Niemczech.*

Dlatego nie oburzaliśmy się małymi procentami, które dostaliśmy, wiedzieliśmy, że jesteśmy przyjaciółmi i wszędzie, gdzie jeździmy, wszystko finansuje P.

P. miał zresztą szeroki gest nie tylko dla przyjaciół, ale także dla tych, których życzliwość mogła się okazać bardzo przydatna. Dlatego zasponsorował policji radiowóz. Sprawę zresztą obszernie opisywały media, bo była naprawdę zaskakująca. Otóż P. miał bardzo dobre kontakty z policjantami z komisariatu na Saskiej Kępie – jego komendant tak dalece zaangażował się we wspieranie P. w różnych jego biznesach, że został usunięty ze służby, i to z zarzutami prokuratorskimi. Ale zanim to się stało, P. – na znak uznania dla lokalnych stróżów porządku, a w szczególności komendanta – przelał na policyjne konto sumę, za którą zakupiono radiowóz. A tego właśnie najbardziej policjantom z Saskiej Kępy brakowało.

Bądźmy szczerzy – każdy z nas chciałby mieć swojego Wojciecha P.

Analizując historię przestępczości zorganizowanej, można dojść do wniosku, że blichtr od zawsze był nieodłącznym elementem gangsterskiego życia. Czy to w Pruszkowie, czy w podmoskiewskim Sołncewie. W Marsylii i w Bogocie, w Palermo i w Belgradzie. Nie ma wątpliwości, że bossowie – przynajmniej ci, dla których historia miała jakąkolwiek wartość – dobrze zapoznali się ze stylem życia Ala Capone i najsłynniejszych przestępców jego czasu. Było się na kim wzorować.

Oto kolejny fragment ze wspomnianej na początku książki Henrika Höjera *Al Capone, gangi i jazz*: *Autorzy wielu artykułów prasowych z lat 20. coraz częściej zwracali uwagę, że w tamtych* czasach przestępcy nosili smokingi albo trzyczęściowe, szyte na miarę garnitury, że robili sobie manicure, chodzili do drogich restauracji, mieszkali w eleganckich hotelach, jeździli drogimi samochodami, nosili kosztowne pierścionki z diamentami i dawali hojne napiwki – krótko mówiąc, chwalili się swoim bogactwem i dobrobytem. W ich zachowaniu można było odczytać wyraźne przesłanie: odnieśliśmy sukces, zrealizowaliśmy amerykański sen. Poza tym często podkreślano, że patrzyli swym rozmówcom prosto w oczy, wypowiadali się poprawnie gramatyczne, serdecznie ściskali dłonie innym osobom, uśmiechali się triumfująco i rozwijali to, co dziś moglibyśmy nazwać „silną społeczną kompetencją". Ameryka była zafascynowana gangsterami, których pokazywano w niezliczonych filmach*.

Jeśli w jakiejś dziedzinie historia jest nauczycielką życia, to jest nią zwłaszcza historia przestępczości zorganizowanej.

---

* Tamże, s. 241.

ROZDZIAŁ 2

Miss na wyraźne żądanie

A.G.: Skąd braliście te najlepsze laski? Czy rzeczywiście czar korony najpiękniejszej był tak duży, że zgłaszały się do was najbardziej urodziwe panie?

J.S.: O, zainteresowanie było przeogromne! Przecież Missland organizował nie tylko ogólnopolski finał wyborów, ale także imprezy regionalne, podczas których wyłaniano finalistki. To było olbrzymie przedsięwzięcie, a co za tym idzie – gigantyczna armia kobiet do oceny. Tak, tak – jeździliśmy po naszym pięknym kraju i delektowaliśmy się urodą jego mieszkanek. Ci, którzy pamiętają modę końca lat osiemdziesiątych i początku dziewięćdziesiątych, wiedzą, jak wyglądały ówczesne laski wzorujące się na takich gwiazdach jak Sabrina czy Samantha Fox, ewentualnie na wysztafirowanych aktorkach z hollywoodzkich produkcji. Tlenione na blond włosy, kurewski makijaż, duże dekolty odsłaniające co trzeba, a nawet jeszcze więcej, dużo złota na rękach i na szyi, pomalowane dziesięciocentymetrowe paznokcie, szpilki... Ciało wysmażone w solarium – musowo. Samym swoim wyglądem laski krzyczały: bierz mnie, jestem gotowa! No, może nie wszystkie, ale myśmy się kręcili właśnie przy takich. W dyskotece innych nie spotkałeś. No, chyba że na wieczorku tanecznym w sanatorium. Do wyborów miss też startowały takie piękności.

A.G.: I zawsze wygrywały te obiektywnie najpiękniejsze?

J.S.: Nie zawsze. Czasami zwyciężały te, które miały zwyciężyć. Ostatecznie kto daje kasę, ten ma prawo wymagać. Dobrym przykładem może być Małgosia M. – partnerka, a następnie żona mojego przyjaciela, Wojciecha K. „Kiełbasy".

A.G.: Miss Polski Centralnej i jedna z wicemiss Polski z tysiąc dziewięćset dziewięćdziesiątego pierwszego roku?

J.S.: Właśnie tak.

Wybory Miss Polski odbyły się z wielką pompą w sopockiej Operze Leśnej. Wśród sponsorów znalazła się firma Art-B Bogusława Bagsika i Andrzeja Gąsiorowskiego oraz zajmujące się handlem luksusowymi samochodami przedsiębiorstwo należące do Ryszarda B. (dzisiaj odsiadującego wyrok za zabójstwo Andrzeja K. „Pershinga").

Galę prowadzili była Miss World Aneta Kręglicka oraz lubiany prezenter Zygmunt Chajzer. Na czele jury stanął... słynny trener piłkarski Kazimierz Górski. Część artystyczna nie obyła się bez zgrzytu. Otóż wśród zaproszonych artystów (Czerwone Gitary, De Mono) pojawił się niejaki Donovan. Publiczność, która tłumnie wypełniła amfiteatr, spodziewała się występu popularnego wówczas Jasona Donovana, znanego choćby z przeboju *Especially for You*. Tymczasem widzowie musieli się zadowolić Donovanem – podstarzałym gwiazdorem brytyjskiego popu, który nie miał nic wspólnego z tym pierwszym.

Jednak prawdziwa rozrywka miała się zacząć dopiero wraz z erudycyjnymi popisami kandydatek na miss. Gdy pozostało już tylko dziesięć pań, na scenę wkroczyli kabareciarze Krzysztof Jaroszyński i Stefan Friedmann. Mieli oni za zadanie przetestować sytuacyjny refleks ślicznotek. Agnieszka Kotlarska, która wtedy zwyciężyła, musiała odpowiedzieć na następujące pytanie: – Z poligonu A jedzie pociąg na poligon B. Jak się nazywa specjalista od min i ile razy się myli?

– Taki człowiek to saper i myli się tylko raz – odparła rezolutnie pani Agnieszka.

Przed niełatwym zadaniem stanęła też Monika Taciak (Miss Gracji). Dostała bowiem do rozszyfrowania zagadkę z pogranicza historii sztuki i problematyki transportu lądowego:

– Z miasta A jedzie pociąg do Krakowa. Kto wyrzeźbił ołtarz Wita Stwosza?

– Sam go wyrzeźbił – odparła zapytana, zresztą zgodnie z prawdą.

Dobrze wypadła także wspomniana Małgorzata M.

– Z historycznego miasta jedzie pociąg do następnego historycznego miasta. Co historia lubi robić? – usłyszała pytanie.

– Powtarzać się – powiedziała, wywołując aplauz na widowni.

To był wyjątkowo piękny wieczór dla pani Małgorzaty.

Zwyciężczyni wyborów, Agnieszka Kotlarska, zginęła w sierpniu 1996 roku z rąk szaleńca. Dźgnął ją kilkakrotnie nożem na oczach męża i dwuipółletniej córeczki.

*

J.S.: Co ja tu będę owijał w bawełnę – Małgośka nigdy nie grzeszyła przesadnie urodą. Ale zarówno Kiełbasa, jak i ja – czyli cisi współwłaściciele Misslandu – mieliśmy prawo oczekiwać, że jury zagłosuje zgodnie z naszym życzeniem. Kiełbacha chciał mieć misskę, a Małgosia marzyła o koronie. Ale żeby mogła pojawić się na wybiegu, trzeba było ciężkiej pracy całego sztabu stylistek i makijażystek, bo w wersji *sauté* przegrywała z większością konkurentek. W wyborach Miss Polski Centralnej wystąpiła jedynie pro forma, doskonale wiedząc, że koronę ma w kieszeni. Gdyby ktoś przeciwko tej decyzji podskoczył, to Wojciech K. po prostu by go zniszczył.

Gosia pewnie liczyła też na pierwszą nagrodę w ogólnopolskim finale, ale to byłby zbyt gruby skandal – musiała się więc zadowolić tytułem jednej z wicemiss. Problem w tym, że ona naprawdę zaczęła uważać się za gwiazdę i odgrywała ją nawet przed nami, wzbudzając w wielu z nas pusty śmiech.

A.G.: Przejdźmy na chwilę z wielkiego świata i konkursów na najwyższym poziomie do imprez regionalnych. Czuję, że tam też można się było nieźle zabawić...

J.S.: Wojciech P. faktycznie nie omijał żadnej z imprez i wraz ze sztabem swoich specjalistów krążył po kraju. My coraz rzadziej mu towarzyszyliśmy, także dlatego, że gdyby dowiedziały się o tym nasze żony i dziewczyny, byłyby kłopoty. Niby nic strasznego, ale po co komplikować sobie życie? Jednak czasem udało się wyrwać spod kurateli małżonek i pojechać. Choćby do Wrocławia na wybory Miss Dolnego Śląska. Oficjalnie jechaliśmy na granicę polsko-niemiecką po kradzione fury. To była bardzo wiarygodna wymówka. Ruszyliśmy mocną ekipą, w której oprócz mnie i Kiełbachy znaleźli się oczywiście Wojciech P., T., W. oraz gangster o pseudonimie Małolat. Zależało nam, aby nikt nas nie rozpoznał i aby nie zwracano na nas uwagi – szczególnie chcieliśmy uniknąć spotkania z telewizyjnymi kamerami. Dlatego weszliśmy do sali balowej w hotelu Wrocław tuż przed rozpoczęciem imprezy i zajęliśmy zarezerwowany stolik w zaciemnionym rogu. Wszystko było uzgodnione – kandydatki miały przedefilować obok wyeksponowanych stolików, przy których siedzieli sponsorzy, i tam spodziewano się kamer. Ale – nie mam pojęcia dlaczego – plan się rypnął, dziewczyny ominęły sponsorów i ruszyły w stronę naszego stolika. Prawdopodobnie ktoś puścił farbę, że w sali są szefowie Misslandu, czyli my, i trzeba ich odpowiednio uhonorować.

A.G.: Musiałeś być dumny jak paw!

J.S.: Byłem wkurwiony jak nie wiem co! Bo po powrocie do domu czekała na mnie żona z awanturą. Widziała mnie w telewizji i moje kłamstwo z rzekomym odbiorem kradzionych samochodów wyszło na jaw.

A.G.: Przynajmniej warto było?

J.S.: Bez dwóch zdań. Kiedy pojawiliśmy się tamtego wieczoru w sali i dziewczyny dowiedziały się, kim jesteśmy, od razu obstąpiły nasz stolik. Było tajemnicą poliszynela, że to z nami ustawia się wyniki wyborów. Czyli jeśli masz za sobą kogoś z „miasta", znacznie wzrastają twoje szanse na sukces. Wojciech P. zmierzył każdą z osobna fachowym wzrokiem i kilka kandydatek na miss usłyszało cierpkie słowa: *Jak ty, kurwa, wyglądasz? Kto cię malował? Zrób coś ze sobą, bo w takim stanie nie nadajesz się do konkursu.*

Ta miażdżąca krytyka odniosła skutek, bo dziewczyny zaczęły latać do kibla, żeby poprawić makijaż, przyczesać się, jakoś ratować nie dość wyeksponowaną urodę. Śmiechu było co niemiara. Choć, bądźmy szczerzy, panienki naprawdę były ekstra i ich wygląd nie wymagał żadnych poprawek. Większość miała włosy blond, ale trafiały się też brunetki. Długie nogi, fajne cycki, profesjonalnie nałożony makijaż – czego chcieć więcej? No, ale P. miał taki styl i trzeba to było zaakceptować. Jedna z tych piękności – jeszcze przed wyborami – poszła ze mną do mojego pokoju. Prawdę mówiąc, to nie ja ją tam zaciągnąłem, ale ona mnie. Użyła pewnego fortelu. Otóż powiedziała, że musi szybko skorzystać z toalety, i spytała, czy może to zrobić u mnie. Zgodziłem się. Wychodząc z pokoju, rzuciła na łóżko swoją torebkę, zupełnie jakby miała po nią wrócić. Czyli zaklepała mnie.

Okazuje się, że nie tylko myśmy mieli patenty na laski, ale także one wiedziały, jak pograć z nami.

A.G.: I rzeczywiście wróciła po torebkę?

J.S.: A co ty sobie myślisz? Pewnie, że wróciła i zasiedziała się u mnie. Wyszła rano. Spytasz, co robiliśmy? To oczywiste – najpierw porozmawialiśmy trochę o filozofii, potem o malarstwie… Nie no, daj spokój – wiadomo, że dymaliśmy się jak króliki. Panienka była gotowa spełnić każdą moją zachciankę, a ja akurat miałem ochotę, jak w pokerze, powiedzieć: sprawdzam. Wcale nie jestem pewien, które z nas miało lepszą kondycję, ona naprawdę była ostra. Pewnie spytasz, czy znajomość ze mną pozwoliła jej na zajęcie wysokiego miejsca w konkursie? Otóż nie – żadnego spektakularnego sukcesu ta dziewczyna nie odniosła. Tyle że nie to było celem jej udziału w wyborach, jej nie o to chodziło. Wszyscy wówczas wiedzieli, że jeśli fajna laska zainteresuje kogoś wysoko postawionego w Misslandzie, a tak naprawdę – w „mieście", to ustawi to jakoś jej życie, pozwoli jej fajnie spędzać czas. A to zatrudni się w agencji modelek, a to jakiś sponsor zafunduje jej egzotyczne wczasy (co wtedy było dostępne jedynie dla nielicznych), może nawet trafi do filmu. Tym najbardziej „zasłużonym", czyli wyuzdanym i chętnym do łóżkowych igraszek, załatwialiśmy na przykład lukratywne kontrakty w międzynarodowych koncernach produkujących bieliznę. Pojawiały się na billboardach i przykuwały wzrok facetów, którzy mogli o nich tylko pomarzyć.

Możliwości było wiele, tyle że szczęściu należało trochę pomóc.

Opowiem ci krótką, ale wymowną anegdotę. Do dziewczyn czekających na wybory Miss Dolnego Śląska przyszedł fotograf i obwieścił im nowinę: „Słuchajcie, zaraz pojawią się goście. Goście nadzwyczajni – szefowie Misslandu”. One zareagowały tak histerycznym entuzjazmem, jakby mieli przyjechać do nich Beatlesi! Tak, byliśmy sławni i – co tu dużo gadać – uwielbiani. Dlatego gra wstępna przed seksem z większością z tych dziewczyn polegała na tym, że się powiedziało: *Słuchaj, fajna jesteś, ładna, chodź ze mną na górę.*

I już, szła. Naprawdę tak było.

*

J.S.: Z czasem okazało się, że pięknych dziewczyn jest wiele, natomiast konkursów mało. A przecież każda marzyła o koronie. Dlatego jak grzyby po deszczu zaczęły się pojawiać rozmaite konkursy, w których zwycięstwo też było nie do pogardzenia. Jedne imprezy miały zasięg ogólnokrajowy, inne zaś były zupełnie kameralne, ale przez to elitarne. Wojciech P. wpadł na pomysł, aby zorganizować minikonkurs, który będzie się odbywał z pominięciem etapów kwalifikacyjnych, a dopuszczenie do niego będzie zależało wyłącznie od P. Okej, od P. i jego najbliższych kompanów. Liczba uczestniczek również miała być ograniczona. Chodziło o to, aby ilość nie zdominowała jakości. Podobnie nieliczna była publiczność ograniczona do szefów Misslandu.

„Zawody” odbywały się w hotelowym apartamencie, a liczba uczestniczek z reguły nie przekraczała dziesięciu. Wydawałoby się, że te zamknięte wybory odbywające się z dala od medialnego szumu nie będą stanowić dla dziewczyn większej atrakcji. Nic bardziej mylnego – dyplom uczestnictwa w miniwyborach miss był niczym karta członkowska elitarnego stowarzyszenia, przy którym bladł nawet Lions Club. Żadnych innych nagród nie przyznawano: ani pieniędzy, ani korony. Po prostu kawałek papieru. Było tylko jedno ale... Każda uczestniczka musiała pójść do łóżka z członkiem zarządu Misslandu. To nie było wielkie grono, raptem kilkuosobowe, ale czasem powiększało się o krewnych i znajomych królika. Tak czy inaczej dziewczyny miały sporo roboty, bo zarząd składał się z gości o wyjątkowo dużych zapasach testosteronu, poza tym czasami trzeba było obsłużyć wszystkich jurorów, a nie tylko jednego.

Bo przecież o to chodziło w tej imprezie.

Tymczasem jedna z dziewczyn odmówiła spełnienia tego obowiązku. Postawiła się i nie przekonywał jej żaden bajer, żaden argument. Prawie żaden.

Otóż jury oświadczyło buntowniczce, że w tej sytuacji nie zostanie jej wydany dyplom. *Co? Nie dostanę dyplomu?* – krzyknęła. *Nie, bo nie spełniłaś warunków udziału w wyborach* – usłyszała.

Dziewczyna popłakała się, próbowała brać jurorów na litość, ale ponieważ byli niewzruszeni, zrobiła wymagane dwie pałki, po czym odebrała upragniony dokument.

A.G.: Czy ona naprawdę nie zdawała sobie sprawy, czemu miały służyć te wybory?

J.S.: Powiem Ci szczerze – środowisko dziewczyn startujących w wyborach miss było naprawdę specyficzne, zepsute do cna. Czasami trudniej było zbajerować prostytutkę w burdelu niż misskę. Pamiętaj, że to nie były jakieś zakompleksione tłumoki, ale piękne dziewczyny, często po studiach, z dobrych domów. Takie, które, przynajmniej teoretycznie, mogły wybierać spośród najlepszych partii i ostentacyjnie się cenić.

A.G.: Może uważały, że to wy jesteście tą „najlepszą partią" i wystarczy złowić któregoś z was, by zapewnić sobie godne życie na następne lata?

J.S.: To były, wbrew pozorom, zagubione dziewczyny. Piękne, wykształcone, ale z poczuciem, że doszły do ściany. Nie wiedziały, co zrobić ze swoimi atutami. A wszystkie media trąbiły wówczas, powołując się oczywiście na konkretne przykłady z kraju i świata, że karierę najłatwiej zrobić przez łóżko. Tyle że przeważnie nie chodziło o jedno łóżko, ale cały hotel, zanim wreszcie osiągnie się cel. A my byliśmy modni, pojawialiśmy się na przyjęciach i rautach z możnymi tego świata. Mogliśmy tym dziewczynom dużo załatwić. Nasza prośba to nie był rozkaz, ale przywilej – każdy, kto miał na koncie pomoc chłopakom z Pruszkowa, chodził dumny jak paw.

Chłopcy, którzy na wybory przyjechali bez panienek, w noc po wyborach już mieli towarzyszki do łóżka.

ROZDZIAŁ 3

Apartamenty Ala Capone

Sukces, jakim okazały się wybory Miss Polski – zarówno medialny, jak i towarzyski (cokolwiek to znaczy) – sprawił, że pruszkowscy zaczęli zastanawiać się nad kolejnymi podobnymi imprezami o porównywalnym zasięgu. A może nawet jeszcze większym. Tak narodziła się idea konkursu Queen of Poland, czyli wybory najpiękniejszej rodaczki mieszkającej za granicą. Jak zawsze *spiritus movens* przedsięwzięcia był Wojciech P., który nie tylko rzucił pomysł, ale także zadeklarował jego sfinansowanie.

Sztab operacji miał się mieścić w Polsce, ale za granicą niezbędna była współpraca społeczności lokalnych. Naturalnym partnerem Queen of Poland wydawała się więc prasa polonijna, wokół której gromadzili się ludzie mogący pomóc, a przy okazji na tym skorzystać. Na przykład właściciele eleganckich restauracji, w których dałoby się zorganizować konkurs.

Pomysł zatrybił i przygotowania ruszyły pełną parą – chętnych do współpracy było wielu, a jeszcze więcej dziewczyn marzyło o tytule najpiękniejszej. Nawet jeśli miała to być najpiękniejsza przedstawicielka skromnej mniejszości, jak choćby Miss Polonii Luksemburskiej. Nie mówiąc już o triumfie ostatecznym – uczestnictwie w finale Queen of Poland.

Pierwszy wielki finał Queen of Poland odbył się w 1991 roku w Chicago. Organizatorzy zamieszkali w Hiltonie; jeden z apartamentów, które wynajęli, był w przeszłości zarezerwowany dla Ala Capone. Dzięki wsparciu Polonii konkurs przeprowadzono w jednej z najbardziej luksusowych restauracji w mieście. Wojciech P. w tamtym czasie mógł sobie pozwolić na spełnienie każdego kaprysu i zaproszenie każdego celebryty.

Rodzi się pytanie: jak organizatorzy załatwili amerykańskie wizy, które były wtedy przyznawane jeszcze ostrożniej niż dzisiaj? To wziął na siebie niejaki Żaba z Saskiej Kępy (nie mylić z Jerzym W. „Żabą", o którym będzie mowa w następnych rozdziałach). Miał bliskie kontakty z polskimi pracownikami ambasady USA, od których w dużym stopniu zależała decyzja konsula. Amerykanom zależało wówczas na jednym: aby do Stanów nie jeździła swołocz, z którą na miejscu będą kłopoty, ale biznesmeni, którzy zostawią w kraju Jerzego Waszyngtona pieniądze. Żaba bez problemu (z niewielkim wsparciem finansowym) przekonał swoich znajomych z ambasady, że panowie z Misslandu, ich żony oraz zaproszeni przez nich goście należą bez wyjątku do tej drugiej kategorii.

Na gali zjawiła się i cała polonijna elita, i gwiazdy rodzimego show-biznesu, co tylko podnosiło rangę wydarzenia. Trudno powiedzieć, czy chicagowscy biznesmeni o polskich korzeniach mieli świadomość, jaka struktura stoi za Queen of Poland – być może niektórzy tak, ale na pewno nie wszyscy. Dla wielu była to znakomita możliwość porozmawiania o polskich sprawach i zaistnienia „w obiegu". Na pewno tęsknili za krajem ojczystym i spektakularna impreza stanowiła dla nich powód do dumy. Polska wódka i aksamitny głos Krzysztofa Krawczyka niewątpliwie podkreślały uroczysty nastrój. Biznesmeni ci myśleli, że w Polsce wszystko idzie w dobrą stronę. Nie wiedzieli, że są świadkami pompowania bańki mydlanej.

Nie zabrakło też znanych sportowców, którzy kontynuowali karierę za oceanem – byli gwiazda polskiego kick-boxingu Marek Piotrowski oraz pięściarz Andrzej Gołota. Ten drugi pozwolił sobie wówczas nawet na dość poufały gest w stosunku do jednej z dam: uszczypnął ją w tyłek. Wybuchła afera, którą na szczęście udało się załagodzić.

A po wyborach szefowie Misslandu jak zwykle przetestowali wdzięki missek. W Hiltonie wynajęto kilka dodatkowych pokoi, aby testy odbyły się przeszkód (jak wspomniano, wielu organizatorów udało się za wielką wodę wraz z małżonkami). Trwało tam ostre rżnięcie, ale to przecież oczywiste, że im kobieta piękniejsza, tym bardziej chce się ją wyeksploatować. Od przodu, od tyłu, z góry, z dołu, w kilku naraz... Szefowie dali radę, dziewczyny też.

Nieoczekiwanie największy problem sprawiła organizatorom Miss Polonii Litewskiej. Protegujący ją przedstawiciele Pruszkowa, Dariusz W. i T., zgłosili się po należność. Oczywiście czytelnik tej książki doskonale już wie, o jaką należność chodziło. Tymczasem dziewczyna zdecydowanie odmówiła, bo sądziła, że za jej przyszłym sukcesem stoi uroda, a nie oczekiwania bossów tego interesu, którzy po prostu chcieli pójść z nią do łóżka. To było dla niej jak grom z jasnego nieba!

Tytułu Miss Polonii Litewskiej, skoro już został przyznany, odebrać się jej nie dało, ale pozostawał jeszcze argument nagrody. A był nią telewizor. Dodajmy – kolorowy. Organizatorzy podjęli więc trudną decyzję: dziewczyna telewizora nie dostanie. Chyba że zmieni zdanie. Nie zmieniła.

Na marginesie – impreza pod taką samą nazwą odbywa się pod dziś dzień, choć jej zasięg i regulamin są już zupełnie inne. Tylko nagroda, jak zawsze, ma charakter praktyczny: w 2013 roku laureatka dostała... odkurzacz wysadzany kryształami Swarovskiego.

Wracając do Miss Polonii Litewskiej – nie dość, że zwyciężczyni straciła nagrodę, to jeszcze musiała opuścić ekskluzywny hotel i została zakwaterowana w lichej budzie, w której nocowali kierowcy ciężarówek. Po powrocie do kraju rozżalona opowiedziała swoją historię dziennikarzom. Powstał z tego oskarżycielski artykuł, ale w Warszawie (i Pruszkowie) nikt się nim specjalnie nie przejął.

Wybory wygrała dwudziestodwuletnia dziewczyna. Naprawdę ładna kandydatka.

*

J.S.: Z czasem zaczęliśmy stopować. Wyjazdy w „różowe" delegacje stawały się coraz rzadsze. Ja nie chciałem zaogniać stosunków z Elą, moją żoną, z którą byłem w związku od tysiąc dziewięćset osiemdziesiątego drugiego roku. Kiedy stawaliśmy na ślubnym kobiercu, ja miałem dwadzieścia lat, a ona osiemnaście, ale wcześniej chodziliśmy ze sobą cztery lata. Także Kiełbacha obawiał się reakcji swojej Małgośki. Kiedy została jego żoną, zaczęła w większym stopniu kontrolować, co robi Wojtek. Nie ułatwiał nam też życia P., bo na lewo i prawo opowiadał, jakie to ruchanie odchodzi na wyjazdach związanych z pracami Misslandu.

A.G.: To żona Kiełbachy nie zdawała sobie sprawy, na czym to wszystko polega? Przecież i ona była misską, czyli częścią tego biznesu.

J.S.: Trochę wiedziała, co jest grane, ale kiedy poznała więcej szczegółów, przerosło to jej wyobraźnię. Nie sądziła, że to naprawdę jest Sodoma i Gomora. Nawiasem mówiąc, zapomniał wół, jak cielęciem był – przecież Kiełbacha nigdy by się z nią nie związał, gdyby nie jej erotyczny temperament. On ubóstwiał seks „na całość", ona była do tego idealną partnerką. Oboje byli nieźle zboczeni.

A.G.: Poznali się jeszcze przed powstaniem Misslandu?

J.S.: O tak, i to sporo wcześniej. To było tak: byliśmy kiedyś na dyskotece w Parku. On tam poznał dwie panienki, które zaprosił do siebie. Obaj mieszkaliśmy w Pruszkowie przy ulicy Kopernika. Wprawdzie ciągnął mnie na ten balet, ale ja byłem zmęczony i grzecznie podziękowałem. Został więc sam z panienkami, ale dzielnie je obie złomotał. Nie znam szczegółów, ale dobrze znałem Kiełbachę, więc wiem, że przede wszystkim musiało być od tyłu. I to prawie do bólu. Ich i jego. Następnego dnia towarzyszyłem mu w spacerze z psem (wabił się Atut i był świadkiem egzekucji swojego pana w tysiąc dziewięćset dziewięćdziesiątym szóstym roku). Zapytał mnie wtedy: *Z którą z tych dwóch mam zostać? Która ładniejsza?*

Odpowiedziałem bez ogródek: *Zostań z tą, która się lepiej dyma. Co tu kombinować?*

On mi na to: *To chyba zdecyduję się na Małgosię, bo ona w łóżku jest po prostu dzika.* I zdradził mi pikantne szczegóły, których nie chcę tu opisywać. Powiem tylko tyle, że nie każda kobieta jest gotowa na coś takiego. Inna sprawa, że tę swoją pasję seksualną Małgośka wspierała dragami, które brała na kilogramy.

A.G.: To Kiełbacha ją wciągnął w narkotyki?

J.S.: Wręcz przeciwnie – on się przy niej stoczył. A jak już zaczął brać, to szedł na dno w zastraszającym tempie. Oczywiście to on załatwiał jej prochy. Wiedział, że kiedy się nachla i naćpa, sama zaczyna się domagać seksu. Dość nietypowego zresztą.

A.G.: Nie wierzę, że była jego pierwszą miłością.

J.S.: I słusznie, wcześniej był związany z pewną Moniką W., stewardesą. A stewardesa, jak to stewardesa, lubi polatać. On siedział w domu, a ona ciągle w rozjazdach. No i jak tylko gdzieś poleciała, to kończyła jako obsługa naziemna. To znaczy obsługiwała kapitanów. Wszyscy byli zadowoleni, bo to była naprawdę ostra dziewucha, a Kiełbacha nawet się nie domyślał, jaki z niej numer. Ale coś mu kiedyś zaświtało i postanowił porozmawiać z kapitanem, który z nią latał. Oczywiście facet nie miał pojęcia, że Kiełbachę coś łączy z Moniką. No więc jak się o nią zapytał, to ten mu szczerze opowiedział, jak to wszyscy obracają jego kobietę. Może nie pokładzie samolotu (chociaż cholera wie), ale w hotelach jej wdzięki poznały niemal wszystkie asy naszych linii lotniczych. Wkurwił się Wojtek jak nie wiem co – wyglądał, jakby mu ktoś wiadro smoły wylał na głowę. Wrócił do domu, zrobił awanturę i wystawił Moniczkę z mieszkania bez najmniejszych ceregieli. Ona jednak szybko znalazła sobie pocieszyciela. A tak naprawdę to wielu pocieszycieli. Kiedyś spotkałem ją w Podkowie Leśnej z Dzikusem. I Dzikus mówi do niej: „Monika, pokaż Jarkowi cycki". A ona podciągnęła bluzkę i chlaaap. Nawiasem mówiąc, ładna z niej była dziewczyna. Dużo piła i umarła na raka trzustki...

Tak naprawdę to nie trzustki i nie od alkoholu, ale przecież zmarłym należy się cześć.

Powiedzmy sobie szczerze: w pruszkowskim Żbikowie wierność męsko-damska była pojęciem względnym. Tam się wszyscy dymali ze wszystkimi. A zdobycie nowej partnerki nie stanowiło żadnego problemu. Jeśli zorientowałeś się, że kobieta jest akurat wolna, wyciągałeś flaszkę, pyk, pyk, dwie lufki i już byliście razem. Aż do następnego rozdania.

A.G.: Wróćmy do Misslandu. Skończyły się wasze wyjazdy...

J.S.: Oczywiście Wojciech P. jeździł dalej, bo to był jego żywioł. A przede wszystkim miał firmę, której musiał doglądać. I dopóki w połowie lat dziewięćdziesiątych jej nie sprzedał, prowadził ją naprawdę z pasją.

Dziewczynom z jego „stajni" też nie stała się krzywda. Zarobiły trochę grosza, nawiązały sporo kontaktów, złapały facetów, wielu z grubymi portfelami. Generalnie ustawiły się w życiu. Ten, kto zna kulisy wyborów miss – wszystko jedno czego – dobrze wie, że to surowa, ale przydatna szkoła życia. A już na pewno – seksu.

ROZDZIAŁ 4

Planeta Pruszków

Potęga grupy pruszkowskiej zrodziła się, przynajmniej w pewnym sensie, na gruzach dyskotekowych bramek. Lata 80. – od samego początku dekady generała Jaruzelskiego – były czasem świątyń tańca, przy czym wyraz „świątynia" należy traktować z przymrużeniem oka, choć dla wielu chodzenie na „błysk" miało w sobie coś z religijnego rytuału.

Trudno powiedzieć, czy na gwałtowny wzrost popularności dyskotek miał wpływ szalenie popularny hit filmowy *Gorączka sobotniej nocy* (oraz kolejne produkcje z Johnem Travoltą w roli głównej), czy po prostu takie miejsca jak stołeczne Hybrydy czy Park pozwalały przenieść się na chwilę do innego świata. Świata, w którym królowały nie stalowoszare mundury zomowców, ale typowe dla lat 80. pstrokate kreacje zdobyte na rembertowskim bazarze. Świata, gdzie wódkę żytnią wlewało się do szklanki z ciepłą colą – co uwieczniła grupa Wanda i Banda w przeboju *Hi-Fi* – by poczuć smak Zachodu. Świata, w którym dziewczyny, jak już pisaliśmy, z postawionymi na żel, utlenionymi włosami, „zrobione" na piosenkarki Sandrę czy Sabrinę, wydawały się równie piękne jak gwiazdy *Dynastii*, *Dallas*, a nawet *Policjantów z Miami*. Faceci polowali na łatwe laski (a może tylko sprawiające wrażenie łatwych?), a one typowały facetów, którzy (czego można się było domyślać po zapachu benzyny) przybyli drogimi furami, byli przy „kaszance" i mogli zafundować weekend w jakimś nadmorskim hotelu. Na przykład w gdańskim Posejdonie.

Z biegiem czasu, mierzonego kolejnymi hitami zapodawanymi przez disc jockeya (określenie DJ zyska popularność dekadę później), i w miarę wypijanego alkoholu dziewczyny stawały się coraz piękniejsze, a mężczyźni coraz bogatsi. Jedno pasowało do drugiego, a im bardziej pasowało, tym chętniej strony zbliżały się do siebie, w nadziei, że jedna z nich dysponuje wolną chatą. Narkotyki, które pojawiły się w dyskotekach w drugiej połowie lat 80., znacznie ułatwiły nawiązywanie relacji (a przecież głównie po to chodziło się na dyskoteki). Bywanie na imprezach stało się nawet – do pewnego stopnia – interesem: otóż panowie przy kasie poszukiwali dziewczyn, z którymi nie trzeba rozmawiać o księżycu i poezji, żeby dotrzeć do sedna. Im wystarczyły te, które były otwarte na argumenty finansowe. I tak się składało, że na dyskoteki przychodziły fajne „towary", znające swoją cenę, ale coraz częściej towarzyszyło im coś w rodzaju ochrony. Oczywiście, liczba dyskotek była znacznie skromniejsza niż obecnie, ale to miało swoją dobrą stronę – ludzie z pieniędzmi (albo gotowi je zdobywać za wszelką cenę) nie rozpraszali się po mieście czy kraju, ale można ich było spotkać niemal w jednym miejscu.

Szybko stało się jasne, że jeśli gdzieś uciechy życia są naprawdę warte grzechu, to właśnie w dyskotekach.

Dlatego młodzi gangsterzy z rodzącej się grupy pruszkowskiej – w tym Masa i Kiełbasa, a w zasadzie przede wszystkim oni – zrozumieli, że podbicie dyskotek oznacza przejęcie szeroko rozumianego biznesu rozrywkowego.

Szkopuł tkwił w tym, że w takich przybytkach jak Park czy Remont na bramkach stali napakowani, bezwzględni goście, z którymi raczej nikt nie próbował zadzierać. Zwykle uprawiali sporty walki i dobrze znali się na swoim rzemiośle, budzili więc respekt szaraczków.

Mimo to pruszkowscy postanowili rozbić wszystkie liczące się bramki w Warszawie, bo to pozwoliłoby im zyskać szacunek w stolicy. I tak się stało – na przełomie lat 80. i 90. wystarczyło kilkanaście „wjazdów", by stolica uświadomiła sobie, że pojawiła się nowa brutalna siła, która przejmie lokalną rozrywkę. A raczej wszystkie interesy, które kręciły się w ramach tej rozrywki.

To wtedy Pruszków pokazał, że nie ma z nim żartów, a media skrupulatnie donosiły o kolejnych bijatykach. Dyskoteka stała się więc żywiołem chłopców z „miasta".

Nic więc dziwnego, że w latach późniejszych wielu gangsterów, pragnących zalegalizować swoje zyski z przestępczości, będzie inwestowało w nowe dyskoteki, często o wiele bardziej imponujące niż te z lat 80.

Ale żadna nie mogła się równać z tą, którą z wielkim hukiem otwarto na warszawskiej Woli w 1997 roku. Takiej dyskoteki nie było ani w Polsce, ani w tej części Europy – niemal każda impreza stanowiła tam wydarzenie towarzyskie, a o wejście do środka często trzeba było staczać boje. Planetę – bo niej mowa – stworzył Masa wraz ze swoim austriackim wspólnikiem Andym (oficjalnie lokal był własnością Amerykanki Suzan Tonuzi) i od razu stała się ona oczkiem w głowie przyszłego świadka koronnego.

Każda impreza rozpoczynała się od muzycznego intro i słów *Welcome to Planeta*, od których zebranym przechodziły po plecach ciarki. A potem silnik wskakiwał na coraz wyższe obroty.

Sława Planety przekroczyła granice kraju – w 1998 roku w brytyjskim dzienniku „The Independent" ukazał się reportaż z tego miejsca. Autor tekstu, Richard Ehrlich, pisał: *Dostanie się do lokalu przypomina przejście przez wszystkie zabezpieczenia na lotniskach, tyle że jest jeszcze groźniej. Umięśnieni bramkarze, wyglądający jak wyrzeźbieni z granitu i nauczeni nigdy się nie uśmiechać, sprawdzają, czy goście przypadkiem nie wnoszą ze sobą broni. Jak dobrze, że zostawiłem swoje uzi w hotelu. Szkoda natomiast, że jestem w adidasach, bo otrzymuję uprzejmą radę, aby następnym razem* *włożyć elegantsze obuwie. Kiedy w końcu wkraczam do środka, spostrzegam na blacie baru kieliszki ustawione w trójkąt. Zupełnie jakby to były kule bilardowe. [...] Szklany trójkąt zostaje napełniony polskim dziewięćdziesięciosześcioprocentowym spirytusem – choć większość trunku rozlewa się po barze – i podpalony. Kieliszki i bar stają w ogniu. Gdy płomienie zaczynają dogasać, sięgam po słomkę i spijam to, co pozostało na blacie, mówiąc swojemu superego dobranoc**. Następnie dziennikarz wspomina – z niekłamanym uznaniem – jak Suzan Tonuzi próbowała przeforsować swój pomysł, aby goście Planety mogli wypijać powitalnego szota z pępków roznegliżowanych tancerek. Plan się nie powiódł, ale głośnym echem odbiła się inna inicjatywa Amerykanki – zaproszenie marokańskiej gwiazdy porno, która swym występem miała *rozluźnić nieco sztywną warszawską młodzież***.

Czy już jasne, o jakim typie lokalu mówimy? Tak, o jaskini rozpusty, do której jednak chciał wejść prawie każdy i dla nikogo nie było to powodem do zażenowania. Warszawa końca lat 90., podobnie jak pół zamożniejszego świata, chciała się bawić i Pruszków zorganizował dla niej rozrywkę na miarę Londynu, Nowego Jorku, a nawet – tak, tak – Moskwy.

Nie trzeba chyba dodawać, że dyskoteka ta przyciągała jak magnes piękne kobiety – i te, które występowały na scenie, i te, które odgrywały swoje role na zapleczach.

---

* R. Ehrlich, *Food & drink: out with the vlads*, „The Independent" [online], 27.09.1998 [przeglądany 27.01.2014]. Dostępny w internecie: http://www.independent.co.uk/arts-entertainment/food--drink-out-with-the-vlads-1201036.html (przekład autora).

** Tamże.

J.S.: Jednym Planeta służyła do tańczenia, drugim do słuchania, a mnie do... Co ja ci będę owijał w bawełnę. Po otwarciu tej dyskoteki zaczęło się łojenie takich lasek...

A.G.: Jakich? Przecież wcześniej miałeś bogate doświadczenia z najpiękniejszymi Polkami – z misskami. Coś jeszcze robiło na tobie wrażenie?

J.S.: Można mieć koronę i wcale nie być najpiękniejszą – to już ci tłumaczyłem. Widzisz, Planeta, a raczej wszystko, co się wokół niej działo, uczyniła ze mnie króla rozrywki, faceta, z którym znajomość była naprawdę pożądana. Można mnie posądzać o megalomanię, co więcej – sam uważam, że moje ego było wówczas napompowane jak balon, ale fakty są faktami. Opowiem ci pewną anegdotę.

Otóż wśród gości, którzy uświetniali imprezy w Planecie, był Amerykanin Dennis Rodman – nie tylko słynny koszykarz, ale także gwiazdor popkultury, prawdziwy światowy celebryta (wystąpił wraz z Jeanem Claude'em van Damme'em i Mickeyem Rourkiem w filmie *Ryzykanci*). Pod koniec lat dziewięćdziesiątych także w Polsce był doskonale znany. W czasie imprezy staliśmy obok siebie i podszedł jakiś facet z aparatem fotograficznym. Zapytał, czy może zrobić sobie zdjęcie z jednym z nas. Rodman uśmiechnął się i zachęcił go, by stanął obok niego. A wtedy facet szepnął do mnie: *Ale ja nie chcę z tym czarnym, ja chcę być na zdjęciu z panem.*

A.G.: Takie sytuacje łechtały próżność, prawda?

J.S.: Naturalnie, ale w Planecie dowody podziwu odbierałem niemal co chwila. Bardzo lubiłem przyjeżdżać do dyskoteki. Wyobraź sobie letni wieczór. Pod Planetą kłębi się kilkusetosobowy tłum, a wielu chętnych do wejścia ma świadomość, że nie jest to ich szczęśliwy dzień – jeśli ktoś im nie pomoże, nie przekroczą progu dyskoteki. Problemów z dostaniem się do środka nie mieli jedynie posiadacze platynowych kart Planety – dzięki nim wchodzili bez kolejki, i to z trzema osobami towarzyszącymi. Na miejscu zaś mogli liczyć na darmowe drinki. No, ale gości z takimi kartami nie było zbyt wielu.

I wtedy podjeżdżam pod drzwi, oczywiście najnowszym i najbardziej wypasionym mercedesem. Od razu otacza mnie wianuszek ochroniarzy. Tłum się rozstępuje, tworzy szpaler. Ruszam. Brakuje tylko czerwonego dywanu... Oczywiście ludzie wbijają we mnie wzrok, a panienki mają nadzieję, że je zauważę i zabiorę ze sobą do środka. I faktycznie – wyławiam wzrokiem z gęstwiny głów te, które wydają mi się najbardziej interesujące, i pokazuję palcem: ta, ta i ta. Wybranki są szczęśliwe, jakby złapały Pana Boga za nogi.

A.G.: Musiały jakoś szczególnie podziękować?

J.S.: Jedne tak, inne nie. Zapewniam cię, że w Planecie nie brakowało „towarów", których obowiązkiem było zaspokajanie moich potrzeb cielesnych.

A.G.: Obowiązkiem?!

J.S.: W Planecie miałem dwóch menedżerów. Pierwszy z nich, Mietek, odpowiadał za funkcjonowanie lokalu i wszelkie kwestie prawne z tym związane. Natomiast drugi, Konrad, miał za zadanie zapewnić nam odpowiedni personel. Powiedzmy, że był naszym kadrowym. To on odpowiadał za rekrutację najlepszego, czytaj – najładniejszego personelu. Takiego, który z wdziękiem poda drinka, a także – z jeszcze większym wdziękiem – zrobi loda, naturalnie nie wszystkim. Tylko tym, którym to przysługiwało. W Planecie mieliśmy siedem barów – w sumie obsługiwało je jednorazowo dwadzieścia jeden barmanek. Byłeś kiedyś w Planecie?

A.G.: Owszem, byłem.

J.S.: To musisz przyznać, że przy barach stały najpiękniejsze dziewczyny w Warszawie.

A.G.: Kwestia gustu, niekoniecznie musiały mi się podobać.

J.S.: Tu nie ma co relatywizować. Może na wykładach z filozofii czy spotkaniach kółka różańcowego wywołałyby pewien dysonans poznawczy, ale obiektywnie rzecz biorąc, ten, kto nie odwrócił się za taką, nie był prawdziwym facetem. Ale chętnych do tej roboty nie brakowało, bo z samych tipów dziewczyny żyły jak królowe. Ba – często w ogóle nie przychodziły po wypłatę, bo to była właściwie nędzna jałmużna, ale zadowalały się napiwkami. Wiedzieliśmy, jak atrakcyjną pracę oferujemy, więc mogliśmy wybierać wśród setek ślicznotek. Ale cóż, sama uroda nie wystarczała.

A.G.: To jasne, musiały znać się na drinkach, sprawnie je przygotowywać, szybko podawać, bezbłędnie liczyć pieniądze…

J.S.: Ty kpisz czy o drogę pytasz? To oczywiste, że umiały robić drinki, ale taką wiedzę zdobywa się szybko i nie trzeba do tego szczególnie tęgiej głowy. Przyjęcie do pracy wiązało się z pewnym warunkiem. Nasz menedżer stawiał go jasno podczas rekrutacji. Każda panienka, przynajmniej raz w miesiącu, musiała panu prezesowi – czyli mnie – zrobić laskę. I nie znalazła się ani jedna dziewczyna, która miałaby coś przeciw tej tajnej klauzuli. Jedną z nich sam skaptowałem. Prowadząc Planetę, czasami robiłem wypady do konkurencyjnych dyskotek na przeszpiegi. Pewnego razu udałem się do Trendu, także modnego lokalu. Patrzę, a tam za barem uwija się tak śliczna blondynka, że aż mi oczy wyszły na wierzch. Podszedłem i zamówiłem drinka – podała mi od razu z uśmiechem na ustach. Oczywiście, nie miała pojęcia, kim jestem. Mówię do niej: *Widzę, że fajnie się uwijasz, szefowie na pewno są z ciebie zadowoleni. A nie chciałabyś zmienić miejsca pracy na trochę lepsze? Na pewno spodobałoby ci się w Planecie*. Jak usłyszała tę nazwę, to jakby grom w nią strzelił. Zapewniła, że bardzo by chciała pracować w Planecie, choć cały czas nie zdradzałem swojej tożsamości. Powiedziałem jedynie, że znam ludzi, którzy odpowiadają za rekrutację. W określonym czasie przyszła na rozmowę o pracę i wtedy pojawiłem się ja. *To jest właśnie sam szef* – przedstawił mnie menedżer, a ona zbladła. Rzeczywiście, miałem z nią dużo uciechy. Doskonale robiła to, co barmanka robić u mnie musiała – mam na myśli lody, bynajmniej nie waniliowe. Czasami klękała pod bufetem, by mnie zadowolić, czasami kładła się na bufecie. Seks z nią był wyjątkowo szybki, co oczywiście zapisuję po stronie plusów. Nie każda kobieta potrafi rozpalić faceta i zaspokoić go w tempie błyskawicznym. A przecież jak prowadzisz biznes, nie masz za wiele czasu na amory. Pach, pach i do widzenia. Jak to piszą w podręcznikach zarządzania: była bardzo innowacyjna, pełna entuzjazmu i niezwykle skoncentrowana na sukcesie.

A.G.: Czy bufet był tym miejscem, gdzie barmanki z reguły wypełniały postanowienia tej tajnej klauzuli?

J.S.: Naprzeciwko sceny, na górze, znajdował się wielki pokój dla VIP-ów, z którego – przez ogromne lustrzane, przyciemniane szyby – można było podziwiać panoramę dyskoteki. Jego wystrój był dość skromny, w zasadzie ograniczony do gigantycznej kanapy, na której mogło się zmieścić nawet dwadzieścia osób. Tam to się działo. I zapewniam cię, że dziewczyny były przeszczęśliwe. Ostatecznie nie byłem jakimś chamskim menelem, ale elegancko ubranym, pachnącym dobrymi kosmetykami inteligentnym mężczyzną. Takim, jakiego chciałyby widzieć na ślubnym kobiercu. A jeśli do tego dodać fajny samochód…

A.G.: Mercedesy robiły aż takie wrażenie?

J.S.: Oczywiście, przy czym pamiętaj, że mówimy o czasach, kiedy po polskich drogach nie jeździły jeszcze bentleye i aston martiny. Bo gdyby jeździły, to z pewnością ja bym siedział za ich kierownicą. Największe wrażenie robiły wówczas mercedesy, naturalnie te z najwyższej półki – SL, a wcześniej sześćsetki. Kiedyś myślałem nawet o tym, żeby kupić sobie ferrari – ta marka była zawsze zarezerwowana dla elit. Usiadłem nawet za kierownicą testarossy, żeby ją przetestować, ale szybko się zorientowałem, że Masa ma za dużą masę na taki pojazd, i dałem sobie spokój. Dla faceta z moimi gabarytami najlepszą ofertę ma jednak Mercedes. Fakt, na początku lat dziewięćdziesiątych miałem czarne porsche. Nówkę sztukę, świeżo zdjętą z jakiegoś Niemca. Mój przyjaciel Kiełbacha miał natomiast porsche w kolorze amarantowym. Jak jeździliśmy po kraju, to ludzie mało nie skręcali sobie karku, patrząc na nas! Ale porsche to też nie to. Chociaż nie ma co gadać – na ten samochód też laski chętnie lecą, szczególnie jeśli w środku siedzi młody, opalony chłopak w białej koszuli rozpiętej na klacie. A ja byłem właśnie takim chłopakiem.

A.G.: Skoro barmanki tyle zarabiały, to pewnie marzyły o niezależności. O tym, że pewnego dnia przestaną funkcjonować w takim świecie, jaki ty im zorganizowałeś, i spróbują żyć według własnych zasad.

J.S.: Nie wiem, o czym marzyły. Wiem tylko, że miały dużo, ale chciały mieć jeszcze więcej. Interes szedł bardzo dobrze i w tysiąc dziewięćset dziewięćdziesiątym ósmym roku postanowiliśmy z Andym otworzyć kolejny lokal, tym razem restaurację La Cucaracha w Pruszkowie. Nie miałem tam jednak kogo postawić na barze. A akurat nieco wcześniej przyszedł do mnie jeden z moich menedżerów w Planecie i mówi: „Jarek, te nasze dziewczyny to coś kręcą na boku”. Powiedziałem mu: *Złap jedną czy drugą i przyprowadź mi*. Tak się stało – winowajczynie stanęły przez moim obliczem, a ja je zrugałem jak bure suki. Andy chciał je z miejsca zwolnić, ale ja wpadłem na pomysł, aby je karnie relegować do La Cucarachy. Zsyłka miała trwać miesiąc. Efekt był taki, że w Pruszkowie mieliśmy naprawdę piękne dziewczyny, które dodatkowo musiały znosić moje rozmaite fanaberie. Co tu dużo gadać – gnębiłem je i deprawowałem na dwieście procent.

A.G.: Ale nie wierzę, żeby wśród nich nie było równych i równiejszych.

J.S.: Fakt, z niektórymi moje relacje stały się naprawdę wyjątkowe. Szczególnie utkwiła mi w pamięci niejaka Marilyn – wypisz wymaluj Marilyn Monroe, a kto wie, czy nie piękniejsza. Odwiedził mnie kiedyś w La Cucarachy pewien znany prezenter telewizyjny, który wcześniej był policjantem, i tak później relacjonował znajomym tę wizytę: *Co to za lokal! Co to za dziwne miejsce! Przychodzę, a tam uwija się kilka barmanek, jedna piękniejsza od drugiej. I nagle jedna z nich podchodzi do mnie i prosi, abym za nią poszedł. No to wstaję i idziemy. Ona prowadzi mnie do toalety, zamyka drzwi, rozpina mi rozporek i zaczyna... Coś takiego zdarzyło mi się pierwszy raz! Co za dziwny lokal!* Jak się domyślasz, tą barmanką była Marilyn. Uwielbiała szokować – podejrzewam, że zaskoczenie, a nawet przerażenie w oczach gwiazdora było celem jej spontanicznej inicjatywy. Jednocześnie była bardzo fajna i wyluzowana. Jeśli prosiłem ją: *Idź i wyruchaj gościa*, robiła to beż żadnych oporów.

A.G.: Najwyraźniej bywałem w innych restauracjach... Wróćmy do Planety. Skąd taki sukces? Przecież dyskotek było wówczas wiele.

J.S.: Ale to były lokale z innej półki. Z reguły albo studenckie, jak Park czy Stodoła, albo jakieś mordownie. Lepsza klientela bywała także w Rusałce czy Hipodromie, ale to były raczej tradycyjne dancingi, a nie nowoczesne dyskoteki. U nas bywali ci, którzy albo mieli wysoką pozycję społeczną, albo dopiero chcieli zaistnieć – w Planecie spotkałeś i biznesmena, i znanego prawnika czy gwiazdę kina. Oczywiście dzięki temu, że ruch w interesie kręcił się jak szalony, nasze zyski były olbrzymie – nie było tygodnia, żebyśmy na czysto nie zarobili od osiemdziesięciu do stu tysięcy złotych.

Klientom dostarczałem rozrywki w najlepszym wydaniu – występowały u mnie duet Modern Talking i brytyjski girlsband Spice Girls – a jak tego było mało, ludzie mogli się naćpać najlepszą koką albo najarać trawy, dostarczanej kilogramami każdego dnia. Z późniejszą żoną Davida Beckhama, Victorią ze Spice Girls, wyjarałem w swoim salonie VIP-ów sporo marychy. W tym miejscu uprzedzę twoje pytanie: z dziewczynami ze Spice Girls nie miałem żadnych bliższych relacji, także dlatego, że w tamtym czasie nie były szczególnie atrakcyjnymi laskami. Moje barmanki to były przy nich gwiazdy. Nie mówiąc już o dziewczynach, które startowały w wyborach Miss Playboya czy Miss Mokrego Podkoszulka, bo takie imprezy także organizowaliśmy w Planecie.

A.G.: Jak wyglądała taka impreza?

J.S.: A może raczej – jak się w niej wygrywało? A oto i cała tajemnica. Wieczorem, tuż przed rozpoczęciem konkursu, jury zasiadało w loży, a najważniejszą osobą byłem oczywiście ja, szef całego interesu. Zawodniczki, babki nie w ciemię bite, zdawały sobie sprawę, że wybory wygrywa się nie na scenie, ale w loży. W pewnym momencie Andy przedstawił mi jedną z nich – zjawiskowo piękną blondynkę. Usiadła koło mnie, wzięła mnie za rękę, potem zaczęła mnie głaskać po nodze. Chciałem być dla niej miły, więc mówię: *Pięknie wyglądasz, dysponujesz wspaniałymi walorami, dobrze by było, gdybyś to ty zdobyła koronę*. A w duchu już słyszę skrzypienie kanapy uginającej się pod naszymi ciałami. I zaraz dodaję: *Kotku, poświęć mi trochę uwagi, a zapewniam, że i ja poświęcę ją tobie. Obojgu nam się to opłaci. Oczywiście teraz już nie zdążymy, ale po wyborach jestem do twojej dyspozycji. A ty do mojej, prawda? Pójdziemy do mnie na górę, może nawet coś zaiskrzy między nami*. Prosty bajer, wręcz prostacki, ale działał. Obcykałem go do perfekcji i nigdy mnie nie zawiódł. Poprosiłem jedynie, by mi pokazała przed konkursem swoje powaby, żebym mógł z pełnym przekonaniem lobbować za jej zwycięstwem. Natychmiast bez żadnego skrępowania pochwaliła się tym, co w czasie konkursu miało być przykryte mokrym podkoszulkiem. Nie muszę chyba dodawać, że to właśnie ona zwyciężyła. Potem spotkaliśmy się jeszcze kilka razy, po czym zapomnieliśmy o sobie. Nie zdarzało się, aby taka pani robiła mi jakieś sceny przy rozstaniu – każda z nich wiedziała, że między nami panuje coś w rodzaju biznesowego układu i kiedy pewien etap się kończy, strony grzecznie się rozchodzą. Pamiętaj – wiele z tych dziewczyn pochodziło z biednych domów (choć nie wszystkie) i zdawało sobie sprawę, o co toczy się gra: o lepsze życie. Samo zaistnienie w konkursie dawało im szansę na lepszą przyszłość, ale nie wiązała się ona z możliwością wyrwania dla siebie żonatego faceta, czyli mnie. Od początku wiedziały, że jestem poza ich zasięgiem i że seks ze mną nie daje nadziei na nic więcej.

A.G.: Wspomniałeś także o Miss Playboya. Brzmi to ciekawie i trudno mi sobie wyobrazić, że nie próbowałeś dobrać się do jakiejś pani z rozkładówki tego poczytnego miesięcznika.

J.S.: Mowa! W Planecie odbył się finał konkursu piękności Miss Playboya. Oczywiście impreza została zorganizowana z wielką pompą, godną tego szacownego tytułu. Zasiadłem w loży – wszystkie oczy były skierowane na mnie, moja megalomania sięgała zenitu – i czekałem na rozwój wypadków. Co też fajnego znowu przyniesie mi życie? Nagle podeszła do mnie piękna dziewczyna i zaczęła mi opowiadać o sobie: o swoim trudnym życiu, o złych rodzicach, o ucieczce z domu

i poszukiwaniu swojego miejsca na ziemi. Wyznała, że bardzo chciałaby zostać modelką i szuka układów, które pomogłyby jej w realizacji tego marzenia.

W pewnym momencie postawiła sprawę jasno: bardzo chciałaby wygrać ten konkurs i jest gotowa na wszelkie związane z tym wyrzeczenia. Popatrzyłem na nią łakomie, a naprawdę było na co, i powiedziałem: *Kotku, nie mogłaś lepiej trafić. Jeśli dziewczyna chce dostać koronę Miss Playboya, powinna porozmawiać właśnie ze mną*. Uznałem, że ta inwestycja może się opłacić, więc poszedłem do jurorów i wskazałem im zwyciężczynię. Dalsza część gali była zatem jedynie formalnością – karty już rozdano i Kasia została królową wieczoru. I tak zaczęła się imponująca kariera tej nietuzinkowej dziewczyny, którą Polacy znają i z seriali telewizyjnych, i z filmów, które raczej nie mają szans na emisję w telewizji publicznej. Dziewczyny, z którą zdecydowana większość panów chętnie porozmawiałaby w pozycji horyzontalnej. No, ja mam to szczęście, że odbyłem z Kasią wiele takich rozmów.

Wkrótce po finale Miss Playboya zawiozłem ją do fotografa, który miał atelier w Warszawie przy ulicy Burakowskiej i specjalizował się w rozkładówkach dla tego miesięcznika. I ten fotograf zrobił Kasi piękną sesję.

Zadzwoniłem też do Bysia, żeby skontaktował się z pewnym zaprzyjaźnionym z nami reżyserem. Miał on dojścia do agencji obsługującej słynną firmę, która produkowała damską bieliznę. Reżyser obiecał pomóc i Kasia wkrótce potem pojawiła się na billboardach reklamowych. Z impetem wkroczyła też do świata filmu, stała się gwiazdą seriali, która wprawdzie nie wypowiada długich, trudnych kwestii, ale przyciąga wzrok męskiej publiczności.

Kiedyś fotografowano Kasię, dziś to ona fotografuje i ustawia modelki. Ma do tej roboty smykałkę i w ciągu kilku lat stała się na trudnym rynku fotograficznym naprawdę ważną postacią. Rzeczywiście robi świetne zdjęcia.

A.G.: A co ty z tego miałeś?

J.S.: Ją! Była moją kochanką przez ponad dziewięć miesięcy. Nawet dostała ksywę Masówka, co zresztą bardzo jej się podobało. Kupiłem jej mieszkanie na Poznańskiej, dbając o to, aby było wygodne – ostatecznie w jakimś sensie szykowałem gniazdko także dla siebie. I było naprawdę świetnie, ale w pewnym momencie Kasia zaczęła zmieniać swoją rolę – z kochanki z doskoku na stałą partnerkę. I zaczęła mi uwierać – pytała, o to, gdzie jestem, jak mnie nie ma, kiedy będę i tak dalej.

A to nie była jej sprawa. Ja chciałem żyć jak wolny elektron, a nie gość pod pantoflem. Nie potrzebowałem drugiej żony, bo wystarczyła mi moja Ela. Mam świadomość, że to zabrzmi groteskowo, wiem, że wiele czytelniczek pokręci głową z niesmakiem, ale ja naprawdę kochałem tylko ją i sypiając z innymi kobietami, nie miałem poczucia, że zdradzam małżonkę. Rodzina była dla mnie wszystkim. Wiem, że mi nie wierzysz, trudno... Zresztą tego nie zrozumie człowiek, który nie był w grupie pruszkowskiej. To nie jest tak, że dymałem te wszystkie panienki, bo miałem jakąś wewnętrzną potrzebę i nie potrafiłem się opanować. Zapewniam, że mógłbym sobie darować większość moich „wyskoków". Ale grupa miała pewien styl bycia, którego należało się trzymać. Panienki były po to, żeby je popychać, i ten, kto tego nie robił, stawał się niejako „z urzędu" podejrzany, trefny. Co to za gangster, który nie przeleci panienki, jeśli akurat nadarza się taka okazja? To zwykły frajer niezasługujący na szacunek. Nie twierdzę, że w ten sposób tłumaczyłem się mojej żonie – w ogóle z nią o tym nie rozmawiałem – ale byłem przekonany, że inaczej po prostu się nie da.

Każda grupa zawodowa ma jakieś swoje zasady – także gangsterzy.

A.G.: Definitywnie rozstałeś się z Kasią?

J.S.: Tak, można powiedzieć, że się wysprzęgliłem. Zacząłem bywać u niej coraz rzadziej, sypialiśmy ze sobą sporadycznie i jakoś umarło to śmiercią naturalną, bez większych wstrząsów, wzajemnych oskarżeń i rozdzierania szat. Ona zresztą szybko zorganizowała sobie nowe życie. Dziś ma męża i chcę wierzyć, że jest z nim szczęśliwa.

W ogóle wierzę, że kobiety, z którymi „miałem sposobność", są dziś szczęśliwe i spełnione.

ROZDZIAŁ 5

Polowanie na tancerki go-go

W latach 90. zaczynają wyrastać jak grzyby do deszczu kluby go-go, czyli lokale rozrywkowe o charakterze erotycznym, które szybko przyciągają facetów z grubymi portfelami. Są to takie miejsca jak stołeczny Night Club Sofia czy klub w hotelu Polonia. To już nie prząśne agencje towarzyskie, gdzie na szybko wybiera się nie zawsze najpiękniejszą partnerkę i uprawia z nią seks pod presją czasu (kończcie, kończcie, bo klienci czekają na łóżko!), ale przybytki, w których można godzinami delektować się urodą tancerek, licząc na coś więcej niż tylko atrakcje wizualne. Do legendy zaczynają przechodzić szalone noce spędzane w towarzystwie pań, które najpierw popisują się mistrzostwem w tańcu na rurze, a potem pozwalają się zaprosić na szampana. Żeby było jasne – ceny alkoholi w tego typu miejscach dość znacznie różnią się od cen w zwykłych barach i restauracjach. Czasami butelka Veuve Clicquot kosztuje tyle co samochód. Może nie najwyższej klasy, może nie z pierwszej ręki, ale zawsze samochód. Klient takiego klubu jednak, szczególnie w chwili, gdy zdaje mu się, że piękna tancerka jest już na wyciągnięcie ręki i czeka jedynie na potwierdzenie klasy mężczyzny, nie patrzy na cenę. Gotów jest wydać wszystko, byle tylko nic nie przerwało pięknego snu. A to, że czasem w szklance jest coś zupełnie innego, niż deklaruje barman, to już drobiazg. Ostatecznie nie przychodzi się tu dla zaspokojenia zmysłu smaku, ale wzroku i dotyku.

Inna sprawa, że bywalcami klubów go-go są przeważnie mężczyźni, którzy mogą sobie pozwolić na szaleństwo bez obaw, że następnego dnia wokół ich domów zacznie krążyć komornik.

Oczywiście, kluby te stały się również miejscem spotkań biznesowych – tu rozmawiano o wielkich kontraktach, często realizowanych z niewielkim poszanowaniem obowiązującego prawa. Niejeden biznesmen z Zachodu czy z Azji zmiękł w negocjacjach, gdy na blacie jego stolika pojawiła się ponętna blondynka i zaproponowała, że zatańczy tylko dla niego.

Ze względu na ogólną atrakcyjność klubów go-go, a przede wszystkim zyski, jakie te lokale przynosiły, zainteresowali się nimi pruszkowscy gangsterzy. Od początku lat 90. miejsca te kojarzono głównie z mafią. Jeden z pruszkowskich bossów, Andrzej K. „Pershing", traktował nocny klub w Polonii jako swoje biuro, w którym przyjmował interesantów.

I nic w tym dziwnego – ostatecznie amerykańscy gangsterzy czasów wielkiej prohibicji także podporządkowali sobie rozrywkę o charakterze erotycznym. A czy w Rosji po upadku ZSRR było inaczej?

J.S.: Kluby go-go to były bardzo ważne miejsca na gangsterskiej mapie Warszawy. Chłopcy z Pruszkowa woleli je nawet od burdeli, bo dziewczyny były piękniejsze od zwykłych prostytutek i generalnie przyjemniej płynął tam czas. Wizyta w takim klubie stanowiła coś w rodzaju ukoronowania dnia wypełnionego określonymi rytuałami: najpierw rano spotykaliśmy się w barze Al Capone, potem, późnym popołudniem, jechaliśmy do kawiarni Telimena na Krakowskim Przedmieściu, następnie około dwudziestej była obowiązkowa wizyta w hotelu Marriott, a na koniec Polonia. Często kończyło się na ostrym pijaństwie, ale nierzadko chłopakom chciało się popukać i wtedy z odsieczą przybywały panienki z go-go.

A.G.: One przybywały z odsieczą, czy raczej wy je zdobywaliście szturmem?

J.S.: Jak zwał, tak zwał. One były naprawdę cholernie atrakcyjne i nie znam faceta, który pozostałby obojętny na ich wdzięki. A muszę przyznać, że zarówno ja, jak i moja wataha po alkoholu przestawaliśmy być dżentelmenami i traktowaliśmy kobiety dość instrumentalnie. Jak ktoś z mojej obstawy chciał sobie spuścić z krzyża, to mówiłem dziewczynie, żeby mu zrobiła loda, i zaraz było po sprawie. Bez protestów czy targów. Zresztą one wiedziały, że ze mną nie ma żartów – w tamtym czasie byłem prawdziwą bestią. Ludzie się mnie bali i wiedzieli, czego się boją. Pewnego razu, kiedy sobie zdrowo popiłem, kazałem dwóm laskom wykonać dość nietypowy układ choreograficzny. Miały tańczyć bez majtek nad butelkami coca-coli, cały czas zbliżając się do nich.

A.G.: Rozumiem, że w efekcie miały zamarkować bezpośredni kontakt z tymi butelkami?

J.S.: Jak to zamarkować? Butelki miały w nich zniknąć do połowy. I tak się stało. Generalnie ochrona klubów go-go miała z nami krzyż pański, ale co mogła nam zrobić? Byliśmy siłą większą od nich i to my dyktowaliśmy warunki. W połowie lat dziewięćdziesiątych latały ze mną Bryndziaki*, a z nimi nie było żartów.

W Sofii miałem nawet swoje ulubione miejsce, tuż obok przebieralni dla tancerek, w którym urzędowałem i do którego ochroniarze raczej się nie zapuszczali. Chyba żeby wypieprzyć przypadkowych gości, gdy do klubu docierała informacja, że za chwilę się w nim zjawię. Moja miejscówka była strategiczna – tancerki przechodziły koło mnie, gdy szły na scenę bądź z niej schodziły. Ta droga często była więc dłuższa, bo musiały jeszcze obsłużyć mnie lub któregoś z moich chłopaków. Ale nie ma co się nad nimi rozczulać, bo przecież nie były to grzeczne dziewczynki z kółka różańcowego, ale laski świadome swych zawodowych obowiązków.

A.G.: Zresztą pewnie stratne nie były? Trudno, żeby dawały się wykorzystywać za darmo.

J.S.: Żeby było jasne – ja za seks nie płaciłem. To mi się należało i dziewczyny akceptowały tę regułę. Ale z drugiej strony potrafiłem sypnąć kasą, i to całkiem poważną. Ja naprawdę miałem wtedy forsy jak lodu i podsypanie komuś, ot tak, nawet dziesięciu tysięcy złotych – bo czymś mnie wzruszył – nie stanowiło dla

* Bryndziaki – ekipa Marcina B. „Bryndziaka", po roku 2000 jednego z bossów tak zwanego młodego Pruszkowa (przyp. A.G.).

mnie problemu. Czasami więc wsparłem finansowo jedną czy drugą panienkę, ale tylko dlatego, że miałem taki kaprys, a nie obowiązek.

A.G.: I mam teraz uwierzyć, że wszystkie ochoczo trzymały się reguły, o której wspomniałeś? Że przyjeżdżałeś do Sofii czy Polonii, a one z uśmiechem na ustach ustawiały się do ciebie w kolejce?

J.S.: Faktycznie, wyglądało to trochę inaczej. Na przykład w Sofii, kiedy ochrona dawała dziewczynom cynk, że nadciąga Masa, spieprzały w panice, gdzie się dało. I w ogóle nie brały pod uwagę tego, że ktoś przecież musiał zostać w sali, żeby tańczyć. Strach był wręcz atawistyczny i tancerki myślały jedynie o swoim bezpieczeństwie, a nie o powinnościach wobec pracodawcy. Wychodziły z głupiego założenia, że Masa posiedzi z pół godziny, znudzi mu się i pójdzie sobie w pizdu. A tu takiego wała! Skoro Masa już się pofatygował, to nie wyjdzie bez fantów.

A.G.: No, ale skoro ich nie było w sali…

J.S.: Ba, nawet ochroniarze grzecznie mnie informowali, że właściwie dziewczyny rozeszły się do domów i nie ma na co czekać. Ale przecież ja nie jestem idiotą: w klubie go-go muszą być dziewczyny i nawet jeśli akurat zapadły się pod ziemię, to kiedyś wrócą na powierzchnię. Jeśli nie z własnej nieprzymuszonej woli, to trzeba im w tym pomóc. Skoro ochroniarze nie chcieli ze mną współpracować, postawiłem na kelnerów. Dałem jednemu dobry tip, potem drugi, i pytam: *Gdzie się te kurwy podziały?*

A on do mnie wystraszony: *Nie mogę powiedzieć, bo mnie zwolnią z pracy*. Ale po pewnych naciskach z mojej strony ujawnił, gdzie znajdują się ich „schronienia". Wyobraź sobie ich zdumienie i przerażenie, gdy wkraczałem do kuchni, do magazynu czy do piwnic i je wyławiałem. To przywodziło zresztą ma myśl filmy o czasach okupacji i esesmanów, którzy wyławiali z mrocznych piwnic ukrywających się ludzi. Zarówno w Sofii, jak i w Polonii tancerki miały swoje patenty na unikanie mnie, ale ja w końcu wyciągałem je niczym doświadczony rybak. A trzeba pamiętać, że piwnice Polonii przypominały prawdziwe lochy i tropienie zbiegów przy świetle zapalniczek było naprawdę trudne. Niektóre dziewczyny zamykały się nawet w szafkach ubraniowych!

Potem oczywiście następowała kara: robiłem musztrę. Wszystkie musiały stanąć w szeregu i rozebrać się do naga, a potem padała komenda: „na kolana". Wtedy chłopcy rozpinali rozporki i wkraczali do akcji.

A.G.: Czy podobny lęk wzbudzały też inne pruszkowskie szychy?

J.S.: Generalnie tak, choć tak się składało, że dziewczyny, przynajmniej do pewnego czasu, nie bały się wyjątkowego brutala i troglodyty – Janusza P. „Parasola". A powinny, bo w sprawach seksu był wyjątkowym dzikusem. On nigdy nie potrafił „zrobić tego" normalnie, tylko z elementami sadystycznymi i w sposób, który wskazywałby na jakąś formę zboczenia. Mówiąc krótko, interesowały go te części kobiecego ciała, które raczej nie zostały stworzone do uprawiania seksu. Nie będę tu epatował szczegółami, bo wrażliwszy czytelnik mógłby dostać torsji...

A.G.: Może nie dostanie, a jednak warto o tym wspomnieć. Tak ku przestrodze.

J.S.: Powiem tylko tyle, że nawet dla doświadczonej prostytutki kontakt z tym gangsterem był wyjątkowo nieprzyjemnym – a czasem też krwawym – przeżyciem. Gangster zwany przez nas Janem lubił zapiąć panienkę od tyłu, a następnie tak szarpnąć, aby jego organ zrobił jak największe spustoszenie w miejscu, w którym się znalazł. Sadysta i gwałciciel. Swoje erotyczne przygody opowiadał potem kumplom przy wódzie, nie oszczędzając im żadnych obrzydliwych detali, zresztą większość lubiła tego słuchać. Bo, bądźmy szczerzy, najważniejsi ludzie Pruszkowa, tacy jak Parasol, Budzik czy Klimas, to była zwykła hołota, banda prostaków, która uwielbiała taplać się w gównie. W moim środowisku krążył taki żart: *Jak się pierdoli pruszkowski urka? Zapina dziewczynę w pupę, a potem wyciąga fiuta i wyciera go w jej włosy*.

Dla troglodytów to wcale nie był żart, tylko obowiązująca zasada.

Przypomniała mi się pewna historia, która krążyła po Pruszkowie przez długie lata jako anegdota, a wydarzyła się naprawdę. Doskonale obrazuje ona podejście chłopców z „miasta" do seksu. Rzecz się działa na Żbikowie, czyli w samym sercu pruszkowskiej patologii. Tam, gdzie mało co zaskakiwało i wszystko było dozwolone. Otóż trzech facetów – mniejsza o ich personalia – przygadało sobie jakąś panienkę. Większość dziewczyn ze Żbikowa doskonale wiedziała, że jak facet się nachla, a akurat nawinie się płeć piękna, to bez pukania się nie obejdzie. Tak było i tym razem – goście mieli ochotę we trzech przelecieć „towar", ale nie wiedzieć czemu postanowili uprawiać bezpieczny seks. Ostatecznie od pani ze Żbikowa można to i owo złapać, więc lepiej być przezornym. No, ale traf chciał, że ani oni, ani ona nie mieli przy sobie gumek, a najbliższy kiosk był trochę za daleko i sytuacja wydawała się patowa. Tak pięknie się zapowiadało, a tu przez drobny szczegół cały plan mógł się zaraz posypać. Ale chłopcy, wychowani na dobranocce *Pomysłowy Dobromir*, znaleźli wyjście z kłopotu. Jeden z nich miał słone paluszki, więc wysypali je na ziemię, a celofanową torebkę wykorzystali jako prezerwatywę. Nawet nie wyobrażasz sobie, jak szeleściło, kiedy posuwali tę dziewczynę. Kiedyś zresztą robili solidne torebki – posłużyła wszystkim trzem. Potem, przy wódzie, chwalili się tym osiągnięciem przed całym Żbikowem. Nie pytaj, co się stało z paluszkami. Tego nie wiem.

A.G.: Dość ohydne. Ale czy twoje polowania na ukrywające się tancerki go-go, a potem wymierzanie im kary nie były czynami tej samej kategorii?

J.S.: Było to podłe, mam tego świadomość, ale jednak kontakty ze mną nie stanowiły przeżycia aż tak traumatycznego. Gdybym płacił za seks, w ogóle nie byłoby się do czego przyczepić. Przecież ja nie znęcałem się nad tymi kobietami, a jedynie „podawałem im loda", co stanowiło dla nich – żeby nie wychodzić poza branżę spożywczą – chleb powszedni. A już te, które zabieraliśmy ze sobą na wyjazdy jako maskotki, mogły się wręcz uważać za nasze przyjaciółki, i to, na co czekaliśmy, robiły z własnej inicjatywy, bez żadnego przymusu. Raz-dwa i po wszystkim – ja wracałem do żony, a one szły do pracy.

Za to dziewczyny, które miały nieprzyjemność zadać się z Parasolem, na długo to zapamiętywały. Ale te, które jeszcze o tym nie wiedziały, szły do Janusza bez żadnych złych przeczuć. On zaś lubił zamawiać sobie kilka panienek naraz, żeby je wspólnie z kompanami sponiewierać. Często taka ekipa trafiała do mieszkania niejakiego Kenysa na ulicy Chopina. Mój szwagier, który mieszkał w pobliżu, opowiadał mi, jak pewnego razu zimową nocą gołe dziewczyny uciekały z tego bloku, ryzykując silne przemarznięcie, bo wolały to od koszmaru, którego zaznały w ramionach Parasola. Owszem, zdarzało się, że zgwałcone dziewczyny zgłaszały się na policję, ale za kilka tysięcy złotych udawało się każdą taką sprawę zblatować i było po wszystkim.

Pewnego razu wzięli sobie tancerkę go-go. Dręczyli ją niemiłosiernie, ale ona znosiła to ze stoickim spokojem, umilając im czas tańcem na stole. Frajerzy nie zdawali sobie sprawy, że padli ofiarą podstępu. Dziewczyna dosypała do drinków czegoś, po czym wszyscy posnęli. Jak się obudzili, mieli mordy jak z portretów Picassa – laska oprawiła ich tak, że najbliżsi nie byli w stanie ich rozpoznać. I bardzo dobrze.

ROZDZIAŁ 6

Do burdeli dziewczyny pchały się drzwiami i oknami

Na początku lat 90. niektórzy naprawdę wierzyli, że agencja towarzyska to miejsce, w którym można spotkać miłą, atrakcyjną panią i pogawędzić z nią o życiu. I że wcale nie chodzi o seks, bo przecież od płatnego seksu są domy publiczne, popularnie zwane burdelami. Naiwni stanowili jednak zdecydowaną mniejszość – ci, którzy wyciągali zza samochodowej wycieraczki ulotkę przedstawiającą ponętną dwudziestolatkę o egzotycznie brzmiącym imieniu Anabella czy Samanta, dobrze wiedzieli, jakiej usługi należy od niej oczekiwać. Po raz pierwszy – na dobrą sprawę oficjalnie – pojawiły się kobiety gotowe zaspokajać mężczyzn dwadzieścia cztery godziny na dobę i robić z nimi to, o czym oni sami dotychczas nie śmieli marzyć. A jeśli dopuszczali się tego w wyobraźni, to głośno o niczym nie mówili.

Ten, kto miał na tyle śmiałości, by zapukać do drzwi agencji towarzyskiej, konstatował, że Anabella nie jest aż tak atrakcyjna jak na zdjęciu, a przybytek rozkoszy zupełnie nie kojarzy się z sułtańskim haremem i stanowią go dwa ciasne, duszne pokoiki, gdzie w wątłym świetle czerwonej żarówki trzeba szybko zrobić swoje i spadać. Czasami zresztą dzieliło się pokój z innymi klientami.

Oczywiście, burdele – funkcjonujące pod pokrętną nazwą agencji towarzyskich – bywały lepsze i gorsze. Nie brakowało ani tych dla Kowalskiego, dysponującego niewielką gotówką, ani tych ulokowanych w willach, gdzie pracowały luksusowe prostytutki, a klientela szastała pieniędzmi na lewo i prawo.

Mafiosi dość szybko się zorientowali, że ten biznes ma duży potencjał rozwojowy i należy go jak najszybciej przejąć. Przede wszystkim dla pieniędzy, ale także po to, aby mieć nieograniczony dostęp do łatwych, a do tego ładnych i gotowych na wszystko dziewczyn.

Na początku lat 90. polskie agencje towarzyskie niemal w całości przeszły pod gangsterską kuratelę – ten, kto korzystał z ich usług, doskonale wiedział, że nabija kabzę mafii. Ale jakie to w końcu miało znaczenie? Liczyła się przyjemność, a skoro nie można jej było dostać gdzie indziej...

J.S.: Ależ mnie śmieszą te opowieści o biednych dziewczynach, które siłą i szantażem zmuszano do świadczenia usług seksualnych. Niewinne, święte i naiwne, myślały przecież, że będą niańczyć dzieci albo opiekować się chorym staruszkiem, a tu taka niespodzianka! Możesz mi uwierzyć, że w latach 90. dziewczyny pchały się do agencji towarzyskich drzwiami i oknami, bo doskonale wiedziały, że to dla nich szansa nie tylko na dobry zarobek, ale także na karierę. Te historie o sprowadzonych podstępem nad Wisłę nieszczęsnych ofiarach wojen na Kaukazie czy na Bałkanach akurat w wypadku polskich burdeli są przeważnie niezgodne z prawdą. Dziewczyny przyjeżdżały do nas, i to zupełnie dobrowolnie, z wielu krajów – mieliśmy Ukrainki, Rosjanki, Litwinki, Rumunki, Czeszki, a nawet Murzynki! Nie mówiąc już o Polkach.

Wtedy, na początku lat dziewięćdziesiątych, było w czym wybierać, więc w większości agencji pracowały naprawdę śliczne dziewczyny. Oczywiście, zdarzały się też gorsze lokale, gdzie spotykało się pasztety, ale generalnie dało się i podmuchać, i popatrzeć. Pewnie się zdziwisz, ale nawet sensownie pogadać.

A.G.: Kiedy podjęliście decyzję o przejęciu branży erotycznej?

J.S.: To był sam początek lat dziewięćdziesiątych. Wtedy zakusy na przejęcie Warszawy mieli ludzie z Rosji. Rzecz oczywista, byli zainteresowani także burdelami. Do otwartej wojny nie doszło tylko dlatego, że Pershing trzymał z pewnym ruskim, który miał w Polsce niezwykle silną pozycję. Mówię o Tolu, facecie bardzo wysoko postawionym w gangsterskiej hierarchii. Latali u niego zapaśnicy i bokserzy zza wschodniej granicy, a Rosjanie bardzo się liczyli z jego zdaniem.

Pewnego dnia byliśmy już o krok od ostrego konfliktu – spotkaliśmy się z ruskimi pod hotelem Holiday Inn. Byliśmy doskonale przygotowani i zdeterminowani, żeby im spuścić wpierdol, który mieli popamiętać przez lata. Ale wtedy Tolo przemówił swoim do rozumu. Odpuścili – powsiadali do samochodów i odjechali. Warszawa była nasza, warszawskie burdele również.

W tamtym czasie ja i Kiełbacha specjalizowaliśmy się w łupieniu tirów, ale doszliśmy do wniosku, że agencje towarzyskie też są łakomym kąskiem. A wiadomo – im większy burdel, tym więcej hajsu, więc nie chcieliśmy się bawić w drobnicę, tylko zorganizować biznes zgodnie z zasadami popytu i podaży.

A.G.: Ale przecież do kogoś te agencje należały...

J.S.: Pamiętaj, że to był dopiero początek przemian gospodarczych. Największy rozkwit burdeli dopiero nas czekał. Rzeczywiście, podwaliny pod ten sektor stworzyli, nazwijmy to tak, niezależni ludzie z inicjatywą, ale szanse na prawdziwy rozwój dawaliśmy my. Dlatego zaczęliśmy przejmować burdele, czy raczej brać je pod opiekę. Właściciel z reguły się nie zmieniał, my jedynie pobieraliśmy stosowne opłaty. Zresztą nie były to jakieś zawrotne sumy – do tysiąca dolarów miesięcznie. To był dobry interes, ale nie da się go porównać choćby z zyskami z prochów. W latach dziewięćdziesiątych mieliśmy grubo ponad setkę agencji.

A.G.: W całej Polsce?

J.S.: A skąd! Mówię tylko o Warszawie i okolicach. W innych miastach agencje mieli pod swoją pieczą inni ludzie, choć często były to grupy pracujące dla nas.

A.G.: Kto korzystał z burdeli?

J.S.: Wszyscy – pełny przekrój społeczeństwa polskiego. Nie ma sensu tworzyć portretu pamięciowego klienta burdelu, bo to niewykonalne. Oczywiście, byli goście gorsi i lepsi. I maturzyści, i wybrańcy narodu, czyli posłowie.

Gdy odwiedzał taki przybytek ktoś ważniejszy, na kogo dobrym samopoczuciu nam zależało, dawaliśmy cynk ochroniarzowi, żeby przymknął oko na ewentualne ekscesy. Zdarzało się, że związany z nami człowiek nie mógł wejść do środka, bo był kompletnie najebany i jeszcze zachowywał się agresywnie. Gdy dostawaliśmy wtedy cynk od niezadowolonego, jechaliśmy do burdelu, żeby wytłumaczyć ochronie, jak należy postępować w takich sytuacjach. Mówiliśmy, że robimy remanent, a wyglądało to jak przejście huraganu. I wszystko wracało do normy.

A.G.: A czy nie pojawiała się pokusa, żeby sfotografować polityka, jak zabawia się z panienkami w burdelu? W wielu krajach takie zdjęcia spowodowały upadek niejednej wpływowej osobistości.

J.S.: Nie musieliśmy się uciekać do takich, bądź co bądź niegodnych, metod. Jeśli chcieliśmy skompromitować jakiegoś ważniaka, to zapewniam cię, że mieliśmy na niego lepsze kwity niż jakaś fotka w burdelu. Nasza obecność w świecie elit powodowała, że naprawdę wiedzieliśmy bardzo dużo, a politycy aż się rwali do kontaktów z nami.

A.G.: Czy wasze zainteresowanie agencjami towarzyskimi ograniczało się do kasowania pieniędzy?

J.S.: No coś ty! Jak to sobie wyobrażasz: kontrolować burdele i z nich nie korzystać? Oczywiście, że chłopaki z „miasta" po robocie zawsze jechały do agencji, żeby sobie podmuchać, bo po większym stresie nie ma to jak zrzucić z krzyża. Zresztą kurwy miały niejako w angażach to, że muszą zaspokoić naszych, oczywiście za darmo. Nie było, rzecz jasna, mowy o jakimś przywiązaniu do barw klubowych. Chłopaki szalały po całym mieście, zmieniały burdele i panienki jak rękawiczki. Dzielili się tylko informacjami: *w burdelu X jest fajna blondyna, „ucho" czwórka, fantastycznie robi loda* i od razu trzeba było ten news zweryfikować.

A.G.: A ty miałeś jakąś swoją ulubioną miejscówkę?

J.S.: Owszem, często jeździłem do burdelu na warszawskich Stegnach – mieścił się w jednym z wieżowców w pobliżu toru łyżwiarskiego. Lokalizacja zobowiązuje – można się tam było nieźle poślizgać! Potrafiłem spędzić tam nawet dwa dni, chlając z chłopakami i dymając panienki, zawsze po kilka naraz. W porządnym burdelu musiało być coś w rodzaju salonu z dobrze zaopatrzonym barkiem, do którego dostęp mieli jedynie najlepsi goście.

A.G.: A mieliście jakiś wpływ na rekrutację kadry?

J.S.: Nie, tym zupełnie się nie interesowaliśmy. Dobór dziewczyn zależał wyłącznie od menedżera. On doskonale wiedział, która nadaje się do tej roboty i która przyciągnie największą liczbę klientów. Nie muszę chyba dodawać, że menedżer pierwszy sprawdzał kompetencje panienki i decydował, czy jest już gotowym materiałem na kurwę, czy jeszcze musi się podszkolić. Ale dziewczyny były pojętne – nawet jeśli na początku brakowało im finezji w tej robocie, to z czasem stawały się prawdziwymi mistrzyniami.

I zapewniam cię, że wykonywały swoją pracę bez zarzutu, wręcz z przyjemnością. To nie jest tak, że dawanie tyłka w agencji było dla nich torturą – w tamtych czasach dziewczyny doskonale wiedziały, że jeśli chcą się ustawić w życiu, muszą dobrze wykorzystywać to, co dała im natura. Dziewczyna z agencji wyciągała średnio na miesiąc – w przeliczeniu na obecne złote – do piętnastu tysięcy. To naprawdę suma nie do pogardzenia, a poza tym często taka laska lądowała w show-biznesie albo jako właścicielka gabinetu kosmetycznego. Seks za pieniądze był dla nich przepustką do lepszego życia, więc chętnych do pracy w agencjach naprawdę nie brakowało. Niejedna szacowna dama, której byś dziś nie podejrzewał o burdelową przeszłość, w młodości robiła hurtowo laskę za pieniądze.

Obserwowałem dziewczyny i muszę powiedzieć, że bardzo szybko zmieniały się z zahukanych prowincjuszek z biednych rodzin w hieny, które dla kasy gotowe były na wszystko. Ich apetyt rósł proporcjonalnie do liczby obsłużonych klientów.

A.G.: Przekraczały wszelkie granice?

J.S.: Granice nie istniały, bo te dziewczyny wychodziły z założenia, że to, czego od nich oczekujemy, jest wkalkulowane w ich los, naturalne. Trzeba się zgodzić na wszystko, żeby grać o duże stawki. Zresztą czy to „wszystko" to naprawdę tak dużo? Bardzo szybko przyzwyczajały się do nowych wyzwań. Choć, oczywiście, niedoświadczone nowicjuszki też potrafiły nieźle smakować.

Miałem umowę z niektórymi agencjami, że gdy pojawi się u nich jakaś fajna świeżynka, to mam o tym wiedzieć pierwszy, żeby ją przetestować. Ale muszę zaznaczyć, że do burdeli jeździłem głównie po pijaku – na trzeźwo nie miałem na to ochoty, tym bardziej że „fajnego towaru" nigdy mi nie brakowało. Z czasem dorobiłem się czegoś w rodzaju własnego stadka i to jemu poświęcałem uwagę.

A.G.: Mówisz o kochankach?

J.S.: Ja nie wiem, czy słowo „kochanka" nie brzmi tu zbyt górnolotnie. Wybrałem sobie kilka ekstralasek, którym zresztą wynająłem mieszkania, i jeździłem do nich na dmuchanie. To była sytuacja bardziej komfortowa niż wycieranie się po burdelach.

A.G.: Skąd je brałeś? Z agencji towarzyskich?

J.S.: A ty myślisz, że panienki, które lecą na kasę i dają się bez problemu łomotać, są tylko w burdelach? Są wszędzie... Kiedyś zadzwonił do mnie kumpel, Bartek z Mokotowa, i mówi: *Jarek, poznałem piękną blondynkę, no, prawdziwe cudo. Ma nieźle pokręcone w głowie, spierdoliła z chaty i nie chce do niej wracać.* Nie chciałbyś jej zobaczyć?. Jak to, czy nie chciałbym zobaczyć? Skoro, jak zapewniał Bartek, a ja Bartkowi w tej kwestii ufałem bezgranicznie, było to takie cudo, nie mogłem tego przegapić. Umówiłem się z nim na stacji benzynowej – ona robiła zakupy w sklepie. Po chwili wychodzi. Patrzę, a przede mną stoi prawdziwa bogini. Coś nieprawdopodobnego – młodziutka, chyba osiemnastka, i zjawiskowo piękna. Mówię: *Bartek, ja pierdolę, czegoś takiego dawno nie widziałem. Musisz mi ją odstąpić. Ile chcesz za nią?* Dogadaliśmy się bez problemu. Bartek powiedział jej: *Bądź grzeczna dla pana Jarka, a pan Jarek na pewno pomoże ci w życiu, krzywdy nie będziesz miała*. Wsiadła do mojego mercedesa i odjechaliśmy w siną dal. A konkretnie do agencji nieruchomości, gdzie wynająłem jej mieszkanie, w którym potem przyjmowała mnie ku obopólnej przyjemności.

Nie robiła tego za darmo – ja wobec miłych pań potrafiłem wykazać się hojnością. Podam przykład: obok mojej dyskoteki Planeta był salon samochodowy. Nieraz zdarzało się, że panienka, która dobrze mnie obsłużyła w Planecie, szła następnie do salonu i wyjeżdżała nowiutkim autem. W tamtych czasach nie był to dla mnie jakiś wielki wydatek, a dla nich stanowiło to dowód, że swoją pracę trzeba wykonywać z sercem. Wtedy są efekty! Myślę, że w jakimś sensie była to forpoczta tak modnego obecnie sponsoringu, czyli zawoalowanego kurewstwa. To moje stadko sporo mnie kosztowało, ale ponieważ byłem człowiekiem bardzo zamożnym, nie stanowiło to dla mnie żadnego problemu.

Na marginesie – wspomniany Bartek już nie żyje, rozwalili go ludzie Korka. Pocieszam się, że przed śmiercią nieźle sobie używał...

A.G.: Zdarzało się, że dziewczyny decydowały się na wyjście z tego interesu?

J.S.: Oczywiście, i uprzedzę twoje następne pytanie: nie zawsze się to podobało menedżerowi agencji towarzyskiej. Na przykład wtedy, kiedy dziewczyna przynosiła mu spory dochód. W takim przypadku panienka dostawała w łeb albo kopa w dupę i wracała do łóżka. Ale zdarzało się też, że dochodziło do rozstań „za porozumieniem stron" i nikt do nikogo nie miał żalu. Ostatecznie kurwa też ma prawo do emerytury.

ROZDZIAŁ 7

Czasem udawały, że nie wiedzą, a czasem pękały z dumy

Od samego początku istnienia grupy pruszkowskiej żony i kochanki gangsterów wywoływały wielkie zainteresowanie mediów. Dziennikarze chcieli wiedzieć nie tylko, kim są te kobiety, ale także wypytać, jaki mają stosunek do tego, czym zajmują się ich partnerzy. Sęk w tym, że dostęp do pań związanych z przestępcami nie był łatwy i media powielały pewne stereotypy, często mające się nijak do rzeczywistości. W środkach masowego przekazu brylowały więc prymitywne blachary, dla których jedynymi wartościami były gruby portfel i szampańska zabawa . Z kolei film próbował wykreować zupełnie inny wizerunek partnerki mafiosa – kobiety targanej wątpliwościami, obawami, żyjącej w świecie iluzji i niedopowiedzeń. Taką postacią była Mira, żona gangstera Blachy z serialu *Odwróceni*, nakręconego na podstawie zeznań i wspomnień Masy. Mira była więc filmowym odbiciem Elżbiety Sokołowskiej i podobnie jak pierwowzór okazywała demonstracyjną niechęć do profesji męża, starała się żyć jak najdalej od mafijnego świata. Niby więc zdawała sobie sprawę z tego, czym zajmuje się Blacha, i do jakiegoś stopnia – nie miała przecież innego wyjścia – akceptowała to, ale jednocześnie pragnęła, aby mąż porzucił gangsterskie środowisko i zaczął żyć jak normalny, uczciwy człowiek. Dla własnego dobra, dla dobra rodziny i tych, których wcześniej czy później jako przestępca skrzywdzi. W rolę Miry wcieliła się piękna Małgorzata Foremniak, która wyznała na łamach „Super Expressu", że było to dla niej wielkie wyzwanie zawodowe, bo wiązało się z identyfikacją i punktem widzenia Elżbiety-Miry. Na pytanie dziennikarki, co by zrobiła na miejscu swojej bohaterki, Foremniak odpowiedziała: *Gdybym znalazła się w takiej sytuacji jak Mira, także zrobiłabym wszystko, aby wyrwać bliskiego memu sercu człowieka z piekła mafii. Miłość jest jedynym uczuciem, które potrafi wygrać z każdą przeciwnością losu. Zła nie niszczy się złem, ale właśnie dobrem. To trudna droga, bo kroczy się nią często kosztem siebie. Jeśli taka kobieta jak Mira żyje naprawdę, to musi być niezwykłą kobietą. Dla mężczyzny bardzo ważne jest realizowanie się w świecie zewnętrznym, choćby będąc* [!] *przywódcą mafii . Jeśli jest w stanie zawrócić z takiej drogi, to tylko z miłości do kobiety.*

W przypadku Masy ta teoria rzeczywiście się sprawdziła, choć, rzecz jasna, miłość do żony i rodziny nie była jedynym powodem przejścia na „jasną stronę mocy". Ale zanim zawrócił, maksymalnie wykorzystał szansę, którą dostał od losu…

A.G.: Aż trudno mi uwierzyć, że wasze oficjalne partnerki nie miały o niczym pojęcia…

J.S.: Chodzi ci o to, że zabawialiśmy się na boku z innym kobietami, czy o to, że w ogóle byliśmy gangsterami?

A.G.: I o jedno, i o drugie.

J.S.: Jeśli chodzi o nasze bujne życie erotyczne, to faktycznie ukrywaliśmy je przed naszymi żonami i konkubinami, bo w razie wpadki groziły nam naprawdę nieprzyjemne konsekwencje. Niektóre panie były nerwowe i nie przyjmowały do wiadomości, że chłop powinien się wyszumieć, tym bardziej że trafiają mu się wyjątkowe okazje. Takie jak choćby Miss Polonia – to przecież grzech nie skorzystać! Fruwaliśmy więc z kwiatka na kwiatek, bo taka była mafijna rzeczywistość, ale ostrożnie.

Moja Ela nie miała o niczym pojęcia. A czy z czasem zaczęła się czegoś domyślać? To już zupełnie inna historia. Tak naprawdę to pytanie nie do mnie.

A.G.: Czasami się zastanawiam, do czego wam były potrzebne żony, skoro mieliście kobiety na skinienie. I to takie kobiety, do jakich przeciętny Kowalski może tylko powzdychać.

J.S.: Ustalmy to raz na zawsze: żona to żona, a dupa to dupa. To dwie zupełnie różne sprawy. Do czego potrzebowaliśmy żon, oprócz bzykania, rzecz jasna? Do prowadzenia domu, gotowania, prania, wychowywania dzieci. Do tego wszystkiego, czego wspólnym mianownikiem jest dom, rodzina. A dupy były wyłącznie dodatkiem. I to niezbyt istotnym. Koło nas kręciły się całe tabuny dziewczyn i tak naprawdę to one nam wskakiwały do łóżek, a nie odwrotnie. A myśmy tak mogli na okrągło – człowiek był młody i buzował w nim testosteron. Poza tym robiliśmy to trochę na wyścigi – kto zaliczy więcej, kto trafi na bardziej wyuzdaną panienkę.

Ale jak taką przeleciałeś, to potem nie pamiętałeś ani jak wygląda, ani jak ma na imię. To trochę jest tak jak z siłownią. Chodzisz do siłowni?

A.G.: Chodzę…

J.S.: I naprawdę następnego dnia pamiętasz, jakie robiłeś ćwiczenia, ile talerzy założyłeś na sztangę? Nie, bo taka wiedza do niczego nie jest ci potrzebna. Ważne, że fajnie popakowałeś, masz satysfakcję z tego, co robiłeś, ale nie zaśmiecasz sobie głowy szczegółami.

A.G.: Przecież kobieta nie sztanga!

J.S.: Ale to fitness, ćwiczenia fizyczne dla podtrzymania kondycji i podniesienia testosteronu. Nic więcej, żadne tam romantyczne uniesienia i przyspieszone bicie serca. A po siłowni wracasz do domu.

A.G.: A w domu żona?

J.S.: Otóż to. Ważne, żebyś miał dobre samopoczucie i żeby ona nie domyślała się tego, co i z kim robiłeś. A było z kim – czasami człowiek już nie wyrabiał, a one wciąż wskakiwały mu na fiuta. Kiedyś wracałem z dyskoteki Scena w Międzyzdrojach (w latach dziewięćdziesiątych to było bardzo modne miejsce, zresztą z tego, co wiem, to się do tej pory nie zmieniło). Pruszkowscy lubili tę miejscówkę, a laski doskonale zdawały sobie z tego sprawę. Jak się pojawialiśmy, to zaraz były obok nas, gotowe dosłownie na wszystko. No więc wychodzę ze Sceny, wsiadam do samochodu, a tu do środka pakuje mi się, nie uwierzysz, trzynaście panienek. Owszem, miałem sporą brykę, mercedesa klasy S, ale nie autobus. One były jednak tak napalone (ja zresztą też), że daliśmy radę, tyle że dwie czy trzy musiały się zadowolić miejscówką w... bagażniku. Jak jechałem, to wystawały z niego ręce.

A.G.: Co one z tego miały?

J.S.: Dokładnie to, czego chciały: dobrą zabawę za darmo, ostry, perwersyjny seks i poważanie. Bo jeśli dobrze nas obsłużyły w nocy, to następnego dnia szły z nami – w charakterze naszych tymczasowych partnerek – do restauracji czy kawiarni. Ich koleżanki to widziały i szalały z zazdrości. Zasadniczo takie panienki były naszymi zabawkami. Trzymało się je w pokojach hotelowych, czasami przez wiele dni, i nie wypuszczało na zewnątrz. Krzywda im się nie działa, były karmione pizzą i spermą, a poza tym dostawały kupę kasy. Może o tym nie wiesz, ale baby lubią niegrzecznych chłopców i są gotowe znieść nawet poniżenie, byle tylko trochę pogrzać się w ich cieple.

A.G.: To musiały być wyjątkowo proste dziewczyny.

J.S.: Tak uważasz? Powiem ci więc, że zdecydowaną większość stanowiły wykształcone laski z dobrych domów. Takie trochę rozkapryszone, które szukały w życiu ekstraemocji. I dostawały to, czego chciały. Ja już po twarzy potrafiłem rozpoznać, z jakiego środowiska wywodzi się jedna czy druga. Z daleka wyczuwałem inteligentkę i jej wyrafinowane tęsknoty. Ładna, inteligentna buzia zawsze zapowiadała ostrą zabawę. Ale nie bądźmy niesprawiedliwi – niektóre dziewczyny po zawodówkach też potrafiły dać do pieca!

A.G.: Wierzę, dajmy im na razie spokój. Czy wasze żony i stałe partnerki miały świadomość, że zajmujecie się gangsterką i stąd u was wielkie pieniądze i medialna sława?

J.S.: Tak, chociaż nie w równym stopniu. Jedne wiedziały więcej, inne mniej. Jedne uważały to za powód do dumy, inne same siebie oszukiwały, że pieniądze męża są wynikiem ciężkiej, uczciwej pracy. Jedne swoich partnerów chwaliły, inne ganiły. Ale te drugie – jak choćby moja żona Ela czy małżonka Wańki – były w zdecydowanej mniejszości. Żeby zrozumieć, skąd wzięło się przyzwolenie pań na taką, a nie inną „karierę zawodową" partnera, trzeba wrócić do czasów PRL. W ogóle nie da się zrozumieć fenomenu Pruszkowa bez przestudiowania dość egzotycznych realiów Polski Ludowej. Otóż wiele późniejszych żon mafiosów zaczynało swój flirt z przestępczością w latach młodości – latały z chłopakami na przykład po warszawskiej Pradze, wspierały ich, przesiąkały atmosferą gangu i potem już nie wyobrażały sobie życia poza marginesem. A gdy na przełomie lat osiemdziesiątych i dziewięćdziesiątych okazało się, że ten margines to tak naprawdę elita, ich szczęście było pełne. Wyszło na to, że właśnie one dokonały właściwego życiowego wyboru, a nie kobiety, które związały się z absolwentami filozofii czy matematyki.

A.G.: Ale twoja żona nie miała nic wspólnego z marginesem społecznym PRL, a jednak też żyła pod jednym dachem z gangsterem.

J.S.: A zatem kontynuujmy lekcję historii Polski Ludowej. W tamtych czasach działanie poza prawem nie spotykało się z takim społecznym potępieniem jak teraz. Powiedziałbym nawet, że było akceptowane, bo stanowiło pewną formę walki z systemem. Ale przede wszystkim chodziło o to, aby jakoś sobie w życiu poradzić, a postępowanie zgodne z oficjalnymi normami nie zawsze to gwarantowało. Bądźmy szczerzy – kto nie kombinował, ten nie miał. Nawet podstawowych artykułów do życia, z żywnością włącznie. Przecież ja swoją karierę przestępczą zaczynałem od kradzieży ziemniaków w pegeerach!

I władze na wiele takich praktyk przymykały oko. Dziś trudno uwierzyć, że wrogiem ludu był cinkciarz stojący pod Pewexem, a jednak wtedy uprawiany przez niego proceder traktowano jak zbrodnię. Tylko że cinkciarze robili swoje i nie przejmowali się potencjalnymi zagrożeniami. Dzięki temu po przemianach ustrojowych stali się figurami mafijnymi. Czasy PRL to walka społeczeństwa z aparatem państwowym. I tę walkę toczyli ramię w ramię drobni przestępcy i opozycjoniści polityczni. Może to zabrzmi dziwnie, ale z tego sojuszu po tysiąc dziewięćset osiemdziesiątym dziewiątym roku powstał rząd. Znaleźli się w nim i intelektualiści, i chłopaki z marginesu, jak na przykład Mietek Wachowski. Nie chcę w tym miejscu robić z niego przestępcy, chodzi mi o to, że wywodził się z dość szemranego środowiska, znał go choćby Nikoś, a postawiono go w jednym szeregu z wybitnymi prawnikami czy ekonomistami. W jednej formacji przemieszano gości, którzy latali po Pradze z łomami, i brodatych intelektualistów, którzy latali z bibułą. I jakoś to musiało zadziałać.

A.G.: Okej, w latach osiemdziesiątych żony nie suszyły wam głów, bo sądziły, że po prostu kombinujecie jak większość rodaków, by nie utonąć. Ale w latach dziewięćdziesiątych było już chyba jasne, na czym polega wasza robota?

J.S.: Oczywiście – niemal z dnia na dzień staliśmy się zamożni, każdego dnia pisały o nas gazety, najważniejsi politycy chcieli się z nami spotykać i robić interesy, a policja bała się nas o wiele bardziej niż my jej. Taka była ta nasza robota. Naprawdę uważasz, że nasze kobiety miały się przeciwko czemu buntować? Powiem więcej – to, co robiliśmy, miało większe pozory legalności, niż to, czym się zajmowaliśmy dekadę wcześniej.

A.G.: Policji może i się nie baliście, ale przecież zaczęły się porachunki mafijne, egzekucje. To musiało wywoływać obawy waszych żon.

J.S.: Powoli, powoli – na początku nie było żadnych egzekucji. Nikt na nikogo nie polował, nasza grupa konsolidowała się, a nie rozpadała. Można było odnieść wrażenie, że jesteśmy wielką korporacją, która znalazła swoje miejsce na rynku i umie to doskonale wykorzystać. Żony gangsterów, bez względu na to, co wiedziały o interesach mężów, same „rosły w siłę i prestiż". Chętnie bywały na przyjęciach i podkreślały to, z kim dzielą łoże. Być żoną bossa – to robiło wrażenie.

A.G.: Nie uwierzę, że wasze partnerki żyły w przeświadczeniu, że mają u boku uczciwych biznesmenów...

J.S.: Coś ci powiem – byłem świadkiem awantury, którą zrobiła Wańce jego żona, kiedy zorientowała się, co jest grane. Podczas jakiegoś przyjęcia podsłuchała męską rozmowę gangsterów i załapała, że jej ślubny stoi na samym szczycie struktury przestępczej. Naskoczyła na niego: *To ty jesteś bandytą? To te pieniądze nie pochodzą z firmy, którą prowadzisz?* Bo trzeba pamiętać, że wielu ludzi z „miasta" było zatrudnionych w legalnych interesach i to one – rzekomo – przynosiły im krociowe zyski. Gdy rodził się Pruszków, a więc w latach osiemdziesiątych, nie było nawet innej możliwości – praca nie stanowiła przywileju, ale obowiązek, od którego nie wolno się było migać.

A.G.: Myślisz, że naprawdę nie miała pojęcia czy tylko zrobiła taki teatrzyk, bo coś ją akurat ugryzło?

J.S.: Jestem pewien, że to było szczere. Ta dziewczyna nie wywodziła się z patologii, ukończyła nawet studia psychologiczne. Wańka niechętnie wtajemniczał ją w swoje ciemne sekrety. Zresztą w niektórych gangsterskich domach panowała sycylijska zasada: baby morda w kubeł, nie interesować się interesami męża i nie rozmawiać o nich. Oczywiście, były domy, w których panie próbowały wpływać na mężów i instruować ich, na czym polega gangsterka. One były dumne z tego, że stanowią część mafii. Czasami trzeba było je stopować, w czym mistrzem był Dreszcz. Gdy jedna z drugą zagalopowały się w swych doradczych ambicjach, potrafił burknąć: *A wypierdalać mi w pizdu, a nie uczyć nas, co mamy robić*. I wtedy kładły uszy po sobie.

A.G.: Jakoś szczególnie grzeczny nie był...

J.S.: Gdyby był grzeczny, toby nie był tym, kim był. Ale trzeba pamiętać, że wobec tych kobiet mało kto był grzeczny. W jakimś sensie wytresowali je troglodyci ze Służby Bezpieczeństwa. Bo to smutni panowie, aż do upadku PRL, kręcili się koło grup przestępczych i próbowali pozyskać do współpracy dziewczyny związane z przestępcami. Jak taka trafiła na esbecki dołek, to od razu było w ryj, ręka do szuflady i gadaj, co wiesz. A to, że akurat bił kobietę, nic dla esbeka nie znaczyło. Bił zresztą nie tylko dlatego, że chciał wyciągnąć zeznania, ale też dlatego, że miał świadomość, że ona uważa go za zwykłego frajera.

Jak dziś czytam te peany na temat wysokiego profesjonalizmu funkcjonariuszy SB, to chce mi się śmiać. Bo ta banda prymitywnych tępaków nie znała innych argumentów niż siła i stosowała ją z lubością wobec tych, którzy nie byli w stanie się zrewanżować.

A.G.: I ten terror pozwalał im zdobyć interesującą ich wiedzę?

J.S.: Było bardzo dużo przypadków, kiedy kobieta zmuszona do zeznań wsypywała swojego faceta. Na przykład Gośka, żona Barabasa (przez media nazwanego Barabaszem), przyciśnięta przez esbeków, wyśpiewała im wszystko, co wiedziała o interesach męża. Tylko to z kolei miało inny skutek: ona puściła farbę, ale dzięki temu on pozostał na wolności. Tyle że był pod kontrolą. A jeśli jednak trafił za kraty, to Gośka mogła go częściej odwiedzać. I czasem dostawała pieniądze ze środków operacyjnych, które bezpieka przeznaczała na opłacenie swoich ucholi. Prawdą jest też, że sterroryzowana kobieta musiała wykonywać dla funkcjonariuszy także usługi innego typu. Nie muszę chyba tłumaczyć jakie. Z jednej strony taka przeszłość uczyła te nieszczęsne kobiety, kto tu rządzi, a z drugiej czyniła je hardymi i odpornymi na ciosy ze strony losu.

A.G.: W drugiej połowie lat dziewięćdziesiątych zaczęły się egzekucje, a policja zaczęła z nami walczyć o wiele energiczniej. To musiało dać do myślenia waszym żonom. Zagrożenie stało się realne. Z jednej i z drugiej strony.

J.S.: Myśmy naszym partnerkom tak to tłumaczyli: policja zaczęła zwalczać coś, czym zajmowaliśmy się od lat i co jakoś nikomu wcześniej nie przeszkadzało. A nawet, w jakimś sensie, było policji na rękę. No bo na przykład kiedy zawijaliśmy tira, to przecież nie zabieraliśmy go uczciwym przedsiębiorcom, ale takim samym bandziorom. Oni nam zrobili coś złego, my się rewanżowaliśmy i wszystko grało. Tak więc nazywanie nas groźnymi przestępcami, których należy eliminować z życia społecznego, jest mocno przesadzone. To może nie uspokajało naszych kobiet, ale przynajmniej miało dawać im poczucie, że żyją u boku przyzwoitych, a nawet w jakiś sensie uczciwych obywateli.

A.G.: W tysiąc dziewięćset dziewięćdziesiątym szóstym roku, po zastrzeleniu Kiełbachy, twoja żona musiała mieć niewesołe myśli. Wyznała ci kiedyś, że się boi?

J.S.: Oczywiście, nie raz. Było jasne, że wcześniej czy później znajdę się na celowniku starych, i Ela obawiała się tego. Z jednej strony starzy robili się coraz bardziej nerwowi, a z drugiej Wariat, czyli Wiesiek N., brat Dziada, był zdeterminowany, by do nas strzelać.

A.G.: Dotarła do niej prawda, że wasza „firma" to krwawy i niezbyt czysty interes?

J.S.: Sądzę, że dotarła o wiele wcześniej, ale Ela pewnie nie chciała się skupiać na szczegółach. Zresztą ona niechętnie spotykała się z innymi żonami czy konkubinami gangsterów – mafijne życie towarzyskie wręcz ją brzydziło i dlatego wiedziała mniej niż reszta pań. Pojawiały się jednak oczywiste sygnały tego, na czym polega moja robota. Oto przykład. Kiedyś razem z Dreszczem oprawiałem pewnego gościa – mieliśmy z nim zatarg i trzeba go było nauczyć rozumu. Jak wiadomo, bardzo skuteczny jest w takich wypadkach kij baseballowy. Pojechaliśmy do faceta i przez dłuższy czas tłumaczyliśmy mu, na czym polega uczciwość i rzetelność. Biliśmy go tak mocno, że na zakrwawionym kiju pozostały... kawałki kości czaszki. Ale spokojnie, przeżył – jak przestaliśmy go oprawiać i chcieliśmy go zawinąć w dywan, zerwał się na równe nogi i dał dyla.

Wróciłem wieczorem do domu i postawiłem kij w kącie. Nad ranem patrzę, a kij stoi w tym samym miejscu, tyle że jest czyściutki, wymyty, gotów do dalszego użytku. Ela go umyła i nie zadawała zbędnych pytań. Wiedziała, że z tego narzędzia korzystam w pracy, choć zapewniłem ją, że ja ten kij jedynie wypożyczyłem Dreszczowi. A gdzie on nim machał – nie mam pojęcia. Wszyscy wiedzieli, że z Dreszcza jest niezły sadysta.

A.G.: Skoro jesteśmy przy waszych żonach, to pozostańmy jeszcze przez chwilę w rodzinnym kręgu. Bardzo interesuje mnie to, czy wasze dzieci wiedziały, czym zajmują się ojcowie. Czy były trzymane z dala od wstydliwej prawdy, czy wręcz przeciwnie – wzrastały w kulcie siły i braku poszanowania dla prawa?

J.S.: Trudno było nie znać prawdy – Pruszków to niewielkie miasto i wszyscy wszystko tam wiedzą. Szczególnie jeśli mowa o tak prominentnych obywatelach jak mafiosi. Ja jednak starałem się tak wychowywać swoje dzieci, aby nie uważały mojej profesji za ideał, do którego należy zmierzać. Przeciwnie – od samego początku wiedziałem, że muszą się wykształcić, zdobyć dobrą pracę i generalnie być porządnymi ludźmi. To mi się chyba zresztą udało. Tu wielką rolę odegrała Ela, moja żona, sama wychowana w duchu katolickim, która trzymała Mariusza i Olę jak najdalej od świata grzechu.

Jedyny ich kontakt z gangsterami wynikał z tego, że moi ochroniarze odwozili ich do szkoły. To wszystko.

Ale takie podejście było w tym środowisku rzadkością. Większość gangsterskich synów wychowywała się w przekonaniu, że to, co robi tata, jest najlepsze i trzeba się uczyć bandyckiego rzemiosła, żeby przejąć po nim schedę. Syn Alego, Renek, poszedł w ślady ojca, co zresztą odpokutował w więzieniu. Podobnie skończyli synowie braci D., czyli Wańki i Malizny. Po aresztowaniu ojców próbowali kontynuować ich działalność, a syn Wańki, czyli Adam D., stał się w grupie ważną figurą. Przykładów jest więcej – ci, którzy nie latali po ulicach z klamkami, rozrzucali po mieście prochy. Tak jak choćby pasierb Ryszarda P. „Krzysia". W każdym razie nikomu nie przyszło do głowy, żeby pójść do szkoły uczyć dzieci. Raczej sprzedawać amfę pod szkołą.

A.G.: Jak pisał Byron: *Walka o wolność, gdy raz się zaczyna, z ojca krwią spada dziedzictwem na syna**. Nie tylko w Pruszkowie, ale też w Wołominie. Syn Henryka N. „Dziada", Paweł N. „Mrówa", też kręcił się przy ciemnych interesach, które zresztą zakończyły się dla niego tragicznie (został zastrzelony w Warszawie w dwa tysiące siódmym roku). Podobnie Jacek K. „Klepak", syn Mariana K. „Mańka". Przejął po zabitym ojcu grupę wołomińską i po jakimś czasie sam stał się celem dla egzekutora. Ty dobrze

* G.G. Byron, *Giaur*, przeł. A. Mickiewicz, Warszawa 1982, s. 38.

wiedziałeś, że tak kończą gangsterzy, i chciałeś uchronić swoje dzieci przed takim scenariuszem?

Do pokoju, w którym rozmawiamy, wchodzi syn Masy, Mariusz Sokołowski – dwudziestosiedmiolatek, który ukończył prawo i nawet przez chwilę nie brał pod uwagę przejścia na stronę bezprawia. Czasy, kiedy był traktowany wyłącznie jako syn słynnego gangstera, wspomina z mieszanymi uczuciami.

M.S.: To, że miałem takiego, a nie innego ojca, wiązało się i z pewnymi profitami, i z przykrościami. Tych drugich było więcej, choć oczywiście nie wspominam ich jako szczególnie traumatycznych. Myślę tu raczej o uszczypliwościach niż jakichś dotkliwych krzywdach, na które nie pozwoliłby tata.

W podstawówce nauczyciele traktowali mnie z pewną rezerwą, a jak coś komuś zginęło, to podejrzenie często padało na mnie. No bo to przecież logiczne – jak coś ginie, to musi za tym stać syn gangstera, czyli złodzieja na wielką skalę. A z drugiej strony w szkole miałem „przody" , bo ojciec nigdy nie żałował pieniędzy na dofinansowanie takich czy innych potrzeb – a to kupił nową bieżnię, a to opłacił zieloną szkołę. Kiedy o szerokim geście taty dowiedziały się zakonnice, które prowadziły u nas w podstawówce lekcje religii, poprosiły, abym szepnął w domu słówko, że części dzieci nie stać na wyjazd na kolonie. I może tata coś by na to poradził. A on z reguły nie odmawiał. Czasami brano go na ambicję, mówiąc: Pruszyński, ten od blach, dał na szkołę, to pan Sokołowski odmówi?

Tak więc z jednej strony byłem synem złego mafiosa, a z drugiej ten mafioso urósł do rangi instytucji pożytku publicznego.

A.G.: A nie było jakichś agresywnych zachowań wobec ciebie czy twojej siostry Oli?

M.S.: Faktycznie, zdarzały się. Kiedy poszedłem do liceum, zaczęło mnie prześladować kilku chłopaków z ostatniej klasy. Tacy szkolni watażkowie, którym wszyscy schodzili z drogi. Koniecznie chcieli sprawdzić, jak to jest, kiedy się gnębi syna Masy, i przekonać się, czy Masa jakoś na to zareaguje. Pewnego dnia nastąpił moment kulminacyjny – wiedziałem, że tym razem zdecydują się na „rozwiązanie siłowe".

A.G.: Nie poszedłeś z tym do dyrekcji szkoły?

M.S.: Mam spore wątpliwości, czy to by coś dało. Zadzwoniłem do taty, a ten z kolei do swoich złodziei samochodowych. Akurat nie trzepali żadnego auta, więc natychmiast pojawili się w szkole i porozmawiali z moimi prześladowcami. Łatwo się domyślić, jak wyglądała ta rozmowa. Ci, którzy z nimi rozmawiali, nie używali zbyt wielu słów, woleli pięści. Łomot był straszny, ale czegoś ich nauczył.

A.G.: Czego?

M.S.: Już nigdy więcej nie podnieśli na mnie ręki. I dobrze, bo gdyby podnieśli jeszcze raz, kara mogłaby być surowsza. A tak wszystko rozeszło się po kościach.

A.G.: Ale ten epizod mógł dać ci do myślenia – skoro gangster wszystko może, wszyscy się go boją, to może warto podążać tą drogą?

M.S.: To nigdy nie wchodziło w grę.

A.G.: Masz siostrę Olę. Rozumiem, że jej też nigdy nie imponował świat przestępczy? Nie chciała się związać z kimś z „miasta”?

M.S.: Nawet gdyby chciała, rodzice by jej na to nie pozwolili. Tatę zawsze dziwiło, dlaczego córka Pershinga związała się z ochroniarzem Andrzeja K., Bedziem. Bądźmy szczerzy – większości gangsterów, nawet tych z najwyższych szczebli, aż tak bardzo nie zależało na tym, aby córka podskoczyła w hierarchii społecznej i zmieniła środowisko przestępcze na jakieś bardziej przyzwoite. Podejrzewam, że wielu chciało, aby wszystko zostało „w rodzinie”, czyli w mafii. U nas jednak było inaczej.

Chłopcy z mafii nie mieli dostępu do Oli. Ale coś ci powiem: Ola kiedyś wyznała ojcu, że związała się z facetem, który był znany z ekscesów na trybunach pewnego klubu piłkarskiego. Mówiąc wprost – z pseudokibicem. Tata wpadł we wściekłość. Zaczął ją ochrzaniać, krzyczał, że jej miejsce nie jest u boku stadionowego chuligana, ale kogoś bardziej odpowiedniego. Wtedy ona spokojnie odpowiedziała mu, że to jest jej życie, to ona będzie decydowała, z kim chce się związać, i tata nie będzie jej wybierał kandydatów na męża. I wygrała: tata odpuścił. Dziś Ola jest z innym facetem i nie ma on nic wspólnego z przestępczością. Sądzę jednak, że gdyby w jej życiu pojawił się jakiś gangster, tata nie dałby tak łatwo za wygraną.

ROZDZIAŁ 8

Kobiety do zadań specjalnych

Dwie egzekucje, dwie kobiety. Nie były ani ofiarami, ani zabójcami. Odegrały rolę drugoplanowe, ale stwierdzenie, że były to „tylko" role drugoplanowe, mijałoby się z prawdą.

Bez ich udziału nie byłoby planu pierwszego. Na ich barkach spoczywała olbrzymia odpowiedzialność, choć niewykluczone, że nie miały pojęcia, o co toczy się gra. I jak zakończy się ich misja.

Dwie piękne, tajemnicze kobiety, z którymi romans okazał się początkiem drogi do śmierci. Przypadki Patrycji R. oraz Haliny G. „Inki" kilkanaście lat temu wstrząsnęły opinią publiczną. Pierwsza wystawiła na strzał Andrzeja K. „Pershinga", druga zaś – byłego ministra sportu Jacka Dębskiego, prawicowego polityka, jak się później okazało, silnie związanego ze środowiskiem przestępczym.

„Sram na to" – miał powiedzieć Andrzej K., zapytany przez dziennikarzy tygodnika „Wprost", czy nie obawia się o swoje życie. Od pewnego czasu otrzymywał mniej lub bardziej anonimowe pogróżki i z pewnością liczył się z tym, że jego wrogowie zwierają szeregi i spiskują przeciwko niemu. Pod samochodem jego prawej ręki, Andrzeja F. „Florka", wybuchła bomba i to był jasny przekaz: następny ładunek może być już dla Pershinga.

Ale ten niczego się nie bał (przynajmniej tak deklarował). Był mocny w Warszawie, miał za sobą grupy w Trójmieście i na Kujawach, interesy szły mu doskonale. Z pewnością o wiele lepiej niż jego mafijnym oponentom, czyli członkom tak zwanego pruszkowskiego zarządu. Już po śmierci supergangstera wspomniany tygodnik „Wprost" zacytował anonimowego funkcjonariusza z Wydziału do Walki z Przestępczością Zorganizowaną Komendy Głównej Policji. Powiedział on o Pershingu: *Czuł się nietykalnym, wielkim i jedynym bossem. Wszedł za szeroko, chciał spijać miód z całej Polski. Rwał zewsząd, skąd się dało, i wszystko**.

Był rok 1999 – pod koniec listopada Pershing wrócił z USA, gdzie towarzyszył Andrzejowi Gołocie robiącemu wielką karierę pięściarską. Przed jedną z walk niósł nawet tabliczkę z napisem „Gołota Team". Zdaniem niektórych dziennikarzy jego wizyta za oceanem miała też charakter biznesowy – gangster chciał się zorientować, czy warto inwestować w tamtejsze zakłady bukmacherskie.

Tymczasem jednak Pershing zamierzał spędzić kilka dni ze swoją nową partnerką Patrycją. Piątego grudnia jeździli na nartach na zakopiańskiej Polanie Szymoszkowej. Gdy wieczorem boss Pruszkowa pakował narty do mercedesa

---

* E. Ornacka, V. Krasnowska, P. Garczarczyk, *Głowa Pershinga*, „Wprost" 1999, nr 50 (889), s. 23.

zaparkowanego tuż pod górą, pojawiło się dwóch killerów – Ryszard B. i Ryszard N. Pershing, trzykrotnie postrzelony przez B., umarł podczas reanimacji. Zabójcy wcześniej wezwali karetkę w zupełnie inne miejsce, aby pomoc nie dotarła na czas. Nawiasem mówiąc, Ryszard N. zapewniał w telewizyjnym wywiadzie, że nie miał pojęcia, po co rzeczywiście wysłano go do Zakopanego – wierzył, że jechali jedynie porwać Pershinga.

Egzekucji przyglądała się Patrycja R. Czy miała świadomość, że to dzięki niej namierzono i zlikwidowano Andrzeja K.? Prawdopodobnie w tamtym momencie nie stawiała sobie takich pytań. Wiedziała jedno: trzeba zrobić wszystko, żeby śledczy nie byli w stanie dotrzeć do inspiratorów spisku. Natychmiast wyciągnęła z telefonu komórkowego swego umierającego kochanka kartę SIM i zniszczyła ją. To – w oczach opinii publicznej – zrównało tę kobietę z zabójcami.

Jacek Dębski umarł dwa i pół roku później – 11 kwietnia 2001 roku. Według ustaleń prokuratury wyrok wykonał płatny zabójca Tadeusz Maziuk „Sasza", zlecenie wyszło natomiast od mieszkającego w Wiedniu spokrewnionego z ofiarą gangstera Jeremiasza B. „Baraniny" (według jednej z wersji wcale nie byli rodziną). Oto, jak dziennik „Życie Warszawy" relacjonował przebieg tego zdarzenia: *Mieszkający w Wiedniu boss wschodniej mafii wykorzystywał Dębskiego do załatwiania interesów w całej Europie. Szef Urzędu Kultury Fizycznej i Turystyki woził po całym świecie pieniądze „Baraniny", inwestując je między innymi na giełdach. Prawdopodobnie Dębski oszukał bossa, więc ten zdecydował się usunąć niewygodnego „współpracownika". Zamach na ministra sportu został dokładnie* *pomyślany. Według prokuratury, Jeremiasz B. przykazał Halinie G. „Ince" (luksusowej call girl wykorzystywanej przez gangstera do tak zwanych zadań specjalnych), aby spotkała się z Dębskim i na umówiony sygnał wystawiła go zabójcy. Do zbrodni doszło w nocy z 10 na 11 kwietnia 2001 r. Przez cały dzień Dębski raczył się trunkami w lokalach. Wieczorem wraz z kilkoma kompanami i „Inką" przeniósł się do małej restauracyjki Casa Nostra, w pobliżu mostu Poniatowskiego. Po godz. 22 „Inka" odebrała telefon od „Baraniny". Chwilę potem zabrała ze sobą Dębskiego na ostatni spacer. Przed godz. 23 śmiertelnie rannego ministra znalazł jeden z przechodniów. „Inka" została zatrzymana kilkanaście godzin później. Zarzucono jej pomocnictwo w zabójstwie. Grozi za to do 25 lat więzienia lub nawet dożywocie*.*

Kobieta mafii – bo tak zwykł o niej mawiać Dębski – nie dostała dożywocia ani nawet dwudziestu pięciu lat. Skazano ją na osiem lat więzienia, które odsiedziała. W tym czasie udało się jej rozkochać w sobie innego mężczyznę – francuskiego biznesmena i arystokratę Jérôme'a B. – z którym wzięła ślub. Poznała go już w 1996 roku, ale wtedy nie traktowała go jeszcze jako potencjalnego partnera życiowego. Była dziewczyną atrakcyjną, więc nie brakowało w jej otoczeniu mężczyzn. Przede wszystkim jednak czuła się związana dziwnym uczuciem córki i jednocześnie kochanki z o wiele starszym Jeremiaszem B. „Baraniną". Dla niego gotowa była zrobić wszystko – także omotać sobie wokół palca ministra Dębskiego, a następnie odprowadzić

* *Czy była minister osądzi zabójców?*, „Życie Warszawy" [online], 30.08.2002 [przeglądany 26.01.2014]. Dostępny w internecie: http://www.zw.com.pl/artykul/133676.html?print=tak.

go na spotkanie ze śmiercią. Wokół tego zabójstwa pozostało wiele niedopowiedzeń i wydaje się, że nigdy nie poznamy całej prawdy – zarówno Baranina, jak i Maziuk odebrali sobie życie za kratkami.

Po wyjściu na wolność Inka wyjechała wraz z mężem nad Sekwanę. I już tam dowiedziała się o skandalu, jakim było opublikowanie przez dziennik „Super Express" jej roznegliżowanych zdjęć, wykonanych tuż po aresztowaniu przez policję (prawdopodobnie dostarczył je redakcji ktoś z „firmy"). Na zdjęciu widać stojącą na baczność Inkę w czarnym biustonoszu, majtkach i skarpetach. Oczy zostały przysłonięte czarnym paskiem. Obok wielkimi literami wydrukowano tytuł-oskarżenie: *To ona pomogła zabić ministra Jacka Dębskiego. Wciąż może być niebezpieczna dla polskich polityków*.

Ta specyficzna sesja musiała być dla niej największym upokorzeniem (jakiś czas potem wytoczyła gazecie proces i wygrała odszkodowanie w wysokości piętnastu tysięcy złotych).

Czy rzeczywiście ta kobieta, wywodząca się – jak określił sąd – z patologicznej rodziny, gnębiona w dzieciństwie i bezwzględnie wykorzystywana przez świat przestępczy, jest nadal groźna? Czy ma wiedzę, której ktoś powinien się bać? Czy pozbawiona gangsterskiego zwierzchnictwa byłaby jeszcze w stanie pogrążyć kogoś ze świecznika?

A może jednak nie planuje żadnej zemsty, a jedynie marzy o tym, aby normalnie żyć, z dala od przeszłości, organów ścigania, mediów i tłumu gapiów? Może chce zapomnieć o swoich mężczyznach, którzy skończyli tragicznie: i o Dębskim, i o Baraninie, i nawet o swojej pierwszej miłości, Adamie S., wołomińskim gangsterze, którego zastrzelono i spalono w samochodzie? Może stara się wymazać piętno luksusowej *call girl*, która służyła najgorszej możliwej sprawie?

A.G.: Media lubią przedstawiać kobiety, które odegrały jakąś spektakularną rolę w grupie przestępczej, jako jakieś rodzime Lary Croft – agentki fantastycznie przygotowane do niebezpiecznych zadań, a jednocześnie tajemnicze i wyrachowane wampy. Takie jak kochanka Pershinga, która wystawiła go na strzał, bądź słynna Halina G. „Inka", która znacząco przyczyniła się do śmierci ministra Jacka Dębskiego. Czy jest to wizerunek zgodny z prawdą?

J.S.: Ależ skąd! W Pruszkowie ani w żadnej innej polskiej grupie przestępczej nie było superagentek – były ślepo wierne dziewczyny, gotowe spełniać wszelkie zachcianki i żądania swoich partnerów. Faktycznie o Ince słyszę czasem takie opinie, że aż bolą zęby. Włącznie z tym, że działała na zlecenie służb specjalnych, i to niekoniecznie naszych. Uwierz mi – to nie była żadna wyselekcjonowana i wyszkolona asystentka killera, a jedynie biedna dziewucha, którą pewnie ktoś kiedyś wyciągnął z burdelu i roztoczył przed nią perspektywę lepszego życia. Albo i niczego nie roztaczał – po prostu wziął i miał. Dziewczyny, które jakkolwiek się z nami zetknęły (myślę przede wszystkim o tych z agencji towarzyskich), były notorycznie zastraszane i poniżane, czy wręcz upodlane przez gangsterów. Dlatego dało się nimi łatwo manipulować i wykorzystywać je do rozmaitych celów. Bo ludzie z „miasta" z reguły nie potrafili traktować kobiet inaczej niż z pozycji sadystycznej siły. Gdybyśmy teraz obaj należeli do gangu, to siedzielibyśmy sobie przy wódzie i przechwalali się, kto komu bardziej obił mordę i kto zrobił kurwie większą krzywdę. Bo to – oprócz, oczywiście, pieniędzy – był sens istnienia tych troglodytów. Nie będę wchodził w szczegóły, bo są ohydne. Powiem ci tylko tyle: dla wielu z nich nie było większego szczęścia jak wsadzić panience fiuta i się w środku odlać. Ja wiem, że normalni faceci nie wyobrażają sobie czegoś takiego, ba – wielu nie pozwoliłaby na to fizjologia. Ale troglodyci dawali radę…

A.G.: Ale przecież byłeś w grupie. Na pewno nieraz brałeś udział w takich imprezach.

J.S.: Uwierz mi, że akurat tym to ja się zawsze brzydziłem. Okej, żeby za bardzo się nie wyróżniać, udawałem rozbawionego, ale to nie znaczy, że sam opowiadałem podobne historie. Może dlatego, że kochałem swoją żonę, wiedziałem, że mam w niej oparcie…

A.G.: Kochałeś, a jednak nie miałeś oporów, żeby bzykać się z misskami czy panienkami z klubów go-go? Zaraz mi powiesz, że to tylko seks, nic więcej.

J.S.: A co ty sobie wyobrażasz? Oczywiście, że tylko seks, żadne większe uczucie. Jak miałem traktować przygodę, po której często nie pamiętałem nawet twarzy panienki, nie mówiąc o imieniu? Podanie jej loda było częścią gangsterskiego rytuału – ja miałem do tego prawo, a ona miała obowiązek. To wszystko, przy czym musisz wiedzieć, że bardzo się starałem, aby każda kobieta, z którą uprawiałem seks, czuła się usatysfakcjonowana. Ale nigdy nie przyszło mi do głowy, żeby dla którejś z nich porzucić czy zaniedbać żonę. Nie uważałem, że ją zdradzam.

A.G.: No to spisujemy protokół moralnej rozbieżności i możemy wracać do dziewczyn pracujących dla „miasta".

J.S.: „Pracujących" to za duże słowo – lepiej powiedzieć: „wykorzystywanych przez gangsterów". Kiedy ktoś takiej zaproponował: *Pojedziesz z nami na balety, dzięki temu będziesz miała w „mieście" szacunek, bo się z nami kołujesz, tylko w zamian musisz zrobić to czy to*, to ona leciała jak na skrzydłach.

A.G.: Czy partnerka Pershinga, która była świadkiem jego śmierci, należała do tej samej kategorii?

J.S.: Mniej więcej.

A.G.: Myślisz, że wiedziała, do jakiego celu zostanie wykorzystana? To znaczy, czy miała świadomość, jaki będzie koniec ich związku?

J.S.: Głupia nie była, niewykluczone, że coś podejrzewała, choć jestem pewien, że pruszkowscy starzy nie wtajemniczali jej w szczegóły swojego planu.

A.G.: To zanim dojdziemy do jej roli życia, przypomnijmy, na czym polegał konflikt Andrzeja K. „Pershinga" z resztą mafijnej góry. Dlaczego Pershing musiał zginąć?

J.S.: Wprawdzie do tarć między Andrzejem a starymi dochodziło jeszcze przed tysiąc dziewięćset dziewięćdziesiątym czwartym rokiem, czyli zanim trafił na cztery lata do więzienia, ale prawdziwa wojna rozpoczęła się po jego wyjściu na wolność.

A.G.: Nie była to zbyt długa wojna – opuścił mury więzienia w sierpniu tysiąc dziewięćset dziewięćdziesiątego ósmego roku, a zginął pod koniec tysiąc dziewięćset dziewięćdziesiątego dziewiątego.

J.S.: Ale to był czas cholernie intensywny. Do pierwszych awantur Pershinga ze starymi doszło niemal od razu po jego powrocie. Andrzej miał im za złe, że nie opiekowali się nim, gdy był w puszce, że tylko rzucali mu ochłapy od czasu do czasu. I nagle postanowili się zrehabilitować – w mojej obecności próbowali mu wręczyć siedemdziesiąt tysięcy dolarów. Najgorsze dla niego było to, że w czasie odsiadki praktycznie rozpadła się jego grupa. Ale szybko okazało się, że bardzo wielu chłopaków – w tym ja – chce wrócić pod jego skrzydła.

A.G.: Źle ci było pod starymi?

J.S.: Było tak dobrze, że aż postanowili mi podłożyć bombę pod samochód, żeby było jeszcze lepiej.

A.G.: Dość specyficzny sposób motywowania personelu. Zróbmy wiec małą dygresję – opowiedz o tym zamachu.

Na marginesie (2)

J.S.: To było w tysiąc dziewięćset dziewięćdziesiątym szóstym roku. Wróciłem z zakupów w delikatesach Billa przy Ostrobramskiej i zaparkowałem samochód niedaleko mojego domu przy Kopernika w Pruszkowie. Stamtąd miał mnie odebrać mój ochroniarz, Bysio. Wyszedłem z lexusa z dwiema torbami zakupów i już zamierzałem opieprzyć Bysia za to, że swój samochód zaparkował za daleko od mojego, gdy nagle coś pierdolnęło. W pierwszej chwili pomyślałem sobie, że to Bysio robi sobie jaja i odpalił jakąś pieprzoną petardę. Ale zorientowałem się, że to chyba zamach, gdy element z samochodu sąsiada (pod tym autem znajdowała się bomba – moi wrogowie doskonale znali moje zwyczaje i wiedzieli, gdzie podłożyć ładunek) spadł mi z wysokości na kark. Taka była siła eksplozji.

A.G.: Na szczęście wyszedłeś bez szwanku?

J.S.: Jak to bez szwanku? W rękach zostały mi tylko uchwyty od toreb – wszystkie paszteciki, sosiki i polędwiczki, które wybierałem ponad godzinę, poszły się jebać!

A.G.: Żarty żartami, ale naprawdę mogłeś zginąć. Kiedy się dowiedziałeś, kto za tym stał?

J.S.: Dopiero jakiś rok później. Początkowo sądziłem, że za zamachem stał Kiełbacha.

A.G.: Nie rozumiem: twój najbliższy przyjaciel?

J.S.: W tamtym czasie nasze drogi już się rozchodziły. Kiełbacha zbliżył się do osób związanych z bratem Dziada, Wiesławem Niewiadomskim „Wariatem", i starzy uważali go za zdrajcę. Pewnego dnia – już po zamachu – spotkaliśmy się z Kiełbachą w dyskotece i on mi wtedy powiedział: *Jarek, ja wiem, że między nami już nie jest tak jak kiedyś, ale przysięgam na moje dziecko i Boga, że nigdy, przenigdy nie zrobiłbym ci czegoś takiego*. A trzeba pamiętać, że Wojtek był bardzo religijny i jeśli przysięgał na Boga czy na krzyż, to nie kłamał. Przyszło mi więc głowy, że była to sprawka Dziada, czyli Henryka Niewiadomskiego, tym bardziej że jakiś czas wcześniej ludzie Dziada prowadzili obserwację parkingu, na którym doszło do zamachu. Ostatecznie to ja – z polecenia starych – gnębiłem go na wszelkie możliwe sposoby.

A.G.: No to mamy jasność, kto stał za zamachem.

J.S.: Owszem, mam jasność, ale to nie był Dziad, choć na pewno życzył mi jak najgorzej. To, że zainstalował swoich ludzi w pobliżu mojego mieszkania, o czymś świadczy. Jego spisek spalił jednak na panewce, bo w porę dowiedziałem się, co jest grane. Dwóch jego ludzi wynajęło mieszkanie z widokiem na mój blok przy Kopernika i analizowało mój plan dnia, z pewnością typując najlepszy moment do odpalenia mnie. Ale Pruszków to nieduże miasto – wszyscy się znają i łatwo dostrzegają obcego. Zresztą ci frajerzy od Dziada tak się kamuflowali, że pod blokiem parkowali swój samochód na wołomińskich blachach. Dostałem cynk i stało się jasne, że jestem na celowniku. Zawołałem Bryndziaków i kazałem im porozmawiać z intruzami. Tym ludziom nie trzeba było tłumaczyć, jak powinna przebiegać taka rozmowa. Poszli pod wskazany adres, ale zastali tylko jednego z Dziadowych szpicli. Ten drugi wyszedł do sklepu, co uratowało mu zdrowie i urodę. Nieszczęśnika, który był w mieszkaniu, czekał taki łomot, jakiego nie dostał żaden bokser na ringu. To nie wszystko: Bryndziaki pocięły mu żyletkami twarz tak, że zamieniły ją w befsztyk tatarski.

A.G.: Wiedziałeś, że Bryndziak i jego ludzie to okrutni sadyści?

J.S.: Trudno było tego nie wiedzieć – brutalność była znakiem firmowym tej ekipy. Skrzydła rozwinęła ona jednak w czasie pewnej akcji na Ochocie. Wprawdzie ta akcja nie ma nic wspólnego z kobietami mafii, ale skoro już jesteśmy przy Bryndziaku, to grzechem byłoby o niej nie wspomnieć. Otóż w tej części Warszawy mieliśmy bardzo sprawnego dealera narkotykowego, niejakiego Bartka. Zarabiał dla nas naprawdę fajne pieniądze, więc traktowaliśmy go bardziej jak kolegę niż jak wykonawcę usługi. Pewnego dnia poskarżył się nam, że jego ojciec ma problemy. Stary był właścicielem sklepu spożywczego, takiego typu mydło i powidło, w okolicach ulicy Barskiej i wszystko szło dobrze, dopóki pod nosem nie zainstalowała mu się konkurencja. Oczywiście, zyski spadły i wyglądało na to, że będzie coraz gorzej. Wysłałem więc Bryndziaków, żeby coś zrobili z tym fantem. Tej samej nocy konkurencyjny sklep spłonął.

A.G.: Rzeczywiście, metoda dość radykalna, ale jeśli porównać ją z pocięciem twarzy chłopaka od Dziada, to jeszcze nie taka straszna.

J.S.: Bo to nie koniec. Po prostu musiałem wprowadzić do historii Bartka, który stał się pretekstem do następnej, o wiele drastyczniejszej sytuacji. To działo się niewiele później, również na Ochocie. Bartek poszedł z kumplem do baru na wódkę i tam zaczęła go dojeżdżać jakaś ekipa – zwykłe leszcze, trzech karków, ale czuli się mocni. Bartek, widząc, że nie da im rady, zadzwonił do mnie i przedstawił problem. Poprosiłem, aby dał mi do telefonu któregoś z agresorów. Bartek dał mu telefon, uprzedzając, że będzie rozmawiał z samym Masą. Zacząłem go opierdalać, pytam: *Skąd ty, kurwa, jesteś?*, a ten mówi do mnie: *Cicho, motylku, cicho*.

Jak to usłyszałem, to się we mnie zagotowało. *Ja ci dam motylka, kutasie* – pomyślałem i zakończyłem rozmowę z frajerem. Zadzwoniłem po chłopaków – Bryndziaka i Bysia – i chwilę później jechaliśmy do wspomnianego baru. Jako pierwsi wkroczyli do środka Bryndziak, Matyś, Sankul i Kotlet. I zaczęło się.

Oszczędzę ci szczegółów – powiem tylko tyle, że jeden z Bryndziaków tak długo uderzał głową jednego z tamtych o podłogę, że nieszczęśnikowi pękła czaszka i na wierzchu pojawił się mózg. Serio – widziałem to na własne oczy. Zrobili z chłopaka warzywo – przez kilka miesięcy leżał na oddziale intensywnej terapii. Z kolei innego obrabiał Kotlet. I tak to potem wspominał: *Dźgałem frajera bagnetem w udo, ale kiedy zorientowałem się, że nikt nie patrzy, wpieprzyłem mu ostrze w nerę*. Bili z takim impetem, że kiedy gangster o pseudonimie Burzyn pierdolnął faceta w łeb, tamten odleciał do tyłu i wybił Sankulowi dwa przednie zęby.

To byli sadyści, bez dwóch zdań.

A.G.: Bryndziaki to temat na osobną opowieść. Wróćmy do zamachu na ciebie. Mimo że Dziad z pewnością przygotowywał jakąś akcję przeciwko tobie, to nie on podłożył bombę?

J.S.: Okazało się, że to mylny trop. W końcu kierowca Parasola wyznał mi, że bombę odpalił osobiście jego szef wraz ze Słowikiem. Ukryli się w pobliżu i byli pewni, że zaraz przestanę być dla nich kłopotem. Nie przyszło mi wówczas do głowy, że to Jasio przygotował mi tę niespodziankę.

A.G.: Po tym zamachu odpuścili sobie? Dali ci spokój?

J.S.: Bomba to nie wszystko – w tysiąc dziewięćset dziewięćdziesiątym ósmym roku próbowali mnie odpalić. Zwabili mnie na stypę po Nikodemie Skotarczaku „Nikosiu”. Impreza odbyła się w jednych z klubów w warszawskim hotelu Marriott.

Wiem, wiem, jakiś dziennikarz napisał, że działo się to w hotelu Gołębiewski w Mikołajkach, ale to bzdura. Podczas stypy jeden z jej uczestników ostrzegł mnie, że starzy przysłali do mnie killera. Wtedy wyszedłem po angielsku – opuściłem imprezę bez pożegnania.

Nawiasem mówiąc, była to bardzo wesoła stypa – wszyscy pili na umór, ciesząc się, że wreszcie pozbyli się Nikosia. Pili też zdrowie P. – człowieka, który Nikosia wystawił. On sam również tam był i zbierał gratulacje od uczestników, że tak dobrze się spisał.

A.G.: Czyli odegrał taką samą rolę jak Inka tuż przed egzekucją ministra Dębskiego?

J.S.: Coś w tym rodzaju, choć na pewno nie świadczył starym usług seksualnych. P. to był handlarz samochodów i stąd znał Nikosia, który również bardzo liczył się na tym rynku. Z jednej strony udawał więc przyjaciela Nikodema S., a z drugiej kręcił ze starymi, i jak się miało okazać, to wobec nich był lojalny. Informował ich, gdzie jest Nikoś i co robi. Dwudziestego czwartego kwietnia tysiąc dziewięćset dziewięćdziesiątego ósmego roku doniósł, że Nikoś będzie świętował imieniny swojego przyjaciela Wojciecha K. „Kury" w gdyńskiej agencji towarzyskiej Las Vegas. Nikoś i Kura pojawili się tam z żonami, ale – o czym media nie piszą – obecny był także P. I on wyszedł z lokalu na pół godziny przed wkroczeniem ekipy zabójców. Wystawił Nikosia, co do tego nie ma wątpliwości.

Kobiety do zadań specjalnych (cd.)

A.G.: Wróćmy do Pershinga – po odsiadce szybko stanął na nogi. Kto mu w tym pomógł?

J.S.: Między innymi ja. Moim patentem było haraczowanie automatów do gry w całej Polsce, a człowiekiem odpowiedzialnym za ten segment był Robert F. „Franek". Jak mi pierwszy raz przywiózł trzy miliony papieru w worku po ziemniakach, to aż mi zaparło dech w piersiach. Zawołałem swoich chłopaków i mówię: wszystkie siły rzucamy na automaty, bo z tego będzie gigantyczna kapucha. Pershing też miał z tego swoją dolę. W sumie dostał ode mnie tyle pieniędzy, że mógł zainwestować w tłocznię płyt w Gdyni – zamierzał promować swoje ukochane disco polo. No, ale nie zdążył... Zdążył natomiast sprawić sobie w Ameryce nowe zęby. Jak wrócił do Polski, to krępował się nawet uśmiechać, bo miał taki garnitur, że mu się w nim słońce odbijało.

Do tego doszły zyski z firmy Ital-Marka – mafijnej spółki stworzonej przeze mnie i byłego senatora Aleksandra G., w której funkcjonowanie zaangażowani byli także politycy ze świecznika. Firma zajmowała się głównie odzyskiwaniem VAT-u z papierosów wywożonych za granicę. Czyli, na przykład, Niemcy kupowali u nas papierosy, jechali na granicę i tam otrzymywali zwrot podatku. Nasz zysk z tego interesu był ogromny, poza tym dostaliśmy pięćdziesiąt milionów kredytu z banku na działalność gospodarczą i starzy zorientowali się, że grupa Pershinga wkrótce będzie finansową potęgą. Byli wściekli, bo nic im z tego nie skapnęło.

A.G.: Mogli się przecież dogadać z Pershingiem. Tort był duży, zresztą starzy też nie przymierali głodem.

J.S.: To by nic nie dało, bo tarcia między starymi a Andrzejem dotyczyły nie tylko spraw finansowych, ale szerzej – ambicjonalnych. Na przykład Pershing wlał kiedyś przy stole Maliźnie – bo ten zachowywał się arogancko i próbował umniejszać rolę Andrzeja w grupie. W ogóle Maliźnie wówczas odwaliło i starał się grać przed wszystkimi szefa szefów. Szczególnie wtedy, gdy do grupy dołączył Ryszard B., który zresztą wywodził się z kliki Nikosia. To ten B., który odsiaduje karę dwudziestu pięciu lat więzienia za zabójstwo Pershinga.

B. i Malizna – choć dzieliła ich duża różnica wieku – stanowili mieszankę wybuchową. B. patrzył na Maliznę jak na Pana Boga, a ten drugi upatrywał w B. swojego prywatnego „psa wojny". Stali się niebezpieczni i nawet starzy nie chcieli zadzierać ze swoim kompanem, czyli Malizną. A Pershing albo nie doceniał zagrożenia, albo celowo prowokował los i się Maliźnie stawiał.

Doszło do tego, że Pershing namawiał chłopaków, żeby robili coś przeciwko starym – być może chciał doprowadzić do konfrontacji sił i zorientować się, jak bardzo są mocni. Ja też tkwiłem po uszy w tej wojnie, opowiadałem się po stronie Pershinga. Starym nie podobał się mój sojusz z Andrzejem, ale kiedy próbowali przywołać mnie do porządku, mówiłem im, żeby spierdalali, bo ja wykonuję polecenia Pershinga, a nie ich.

A.G.: Nie próbowali ulokować swojego kreta w jego grupie?

J.S.: Najlepsze jest to, że… sami podjęli się roli kreta. Już tłumaczę – pewnego dnia u Pershinga pojawił się Andrzej Z. „Słowik". Gangster z najwyższego kierownictwa Pruszkowa, wymieniany jednym tchem razem z Malizną, Bolem czy Parasolem, ale nieustannie szukający swojego miejsca. Przyszedł, wypili trochę wódy i powiedział: *Wiesz, Andrzej, ja tak naprawdę to chciałbym być razem z tobą, a nie ze starymi, bo to pieprzone prymitywne capy. Nie układa mi się z nimi, a z tobą to mógłbym rozwinąć skrzydła*. Oczywiście Pershing mu uwierzył, Słowik przykleił się do niego, no i wyszło, jak wyszło.

A.G.: Od deklaracji składanych przy wódce jeszcze daleko do egzekucji.

J.S.: Ale od tamtej pory starzy wszystko wiedzieli o Pershingu. Jeśli Andrzej K. organizował jakieś strategiczne spotkanie, to zawsze oprócz mnie czy Roberta B. „Bedzia" był Słowik. Myśmy ostrzegali Pershinga, że Słowik to wredna rura, ale Pershing nie chciał o niczym słyszeć. To był dość naiwny marzyciel. Na tamtym etapie Słowik właściwie nie miał żadnej swojej grupy, a myśmy dysponowali naprawdę ostrą ekipą i gdyby Pershing wyraził taką wolę, Słowik wylądowałby na OIOM-ie. Ale Andrzejowi K. nic takiego nie nawet nie przychodziło do głowy.

Panowie tak się zakolegowali, że zaczęli razem jeździć po kraju, a nawet zrobili wypad do Stanów Zjednoczonych. W pewnym momencie Słowik podsunął Pershingowi swoją byłą panienkę, Patrycję R., ale nie przyznał się, że coś go z nią łączyło. Powiedział, że to koleżanka koleżanki i można jej zaufać.

Andrzej K., niczego nie podejrzewając, rozpoczął romans z tą kobietą. Nie widział, że to będzie jego ostatni romans. Patrycja R. cały czas na bieżąco informowała Słowika o planach Pershinga.

Piątego grudnia tysiąc dziewięćset dziewięćdziesiątego dziewiątego roku, jak pisałeś wcześniej, była z nim w Zakopanem, gdy zjawili się zabójcy i zrobili swoje. Patrycja to widziała. Trzeba przyznać, że zachowała się jak rasowa członkini grupy – kartę SIM ze swojego telefonu połknęła, a kartę z telefonu Andrzeja połamała, żeby śledczy nie doszli, kto stał za egzekucją. Nie mam wątpliwości co do tego, że ktoś ją poinstruował, jak się zachować w takiej sytuacji. Wiem, że była po uszy zakochana w Słowiku i gotowa spełnić każdą jego wolę.

A.G.: Przed sądem zapewniała, że nie miała żadnej wiedzy na temat planów Pruszkowa wobec swojego kochanka, i jak powiedziała:

Najchętniej całe to zdarzenie wymazałabym z pamięci. Czemu Pershing poruszał się bez ochrony?

J.S.: Widocznie czuł się bezpiecznie; czuł się panem sytuacji. On przeważnie jeździł po kraju sam i korzystał z ochrony regionalnych bossów – w Gdańsku zabezpieczali go ludzie niejakiego A., w Tatrach też mógł liczyć na tamtejszych aniołów stróżów. Dość złą robotę wykonał pewien sławny jasnowidz, z którego zdaniem Pershing bardzo się liczył – powiedział mu bowiem, że dożyje stu dwóch lat i umrze we własnym łóżku. Andrzej był przekonany, że to proroctwo naprawdę się spełni.

A.G.: W jakimś sensie zginął przez kobietę, choć oczywiście byłoby niesprawiedliwe obciążanie jej za tę śmierć. A jaki był Pershing wobec kobiet?

J.S.: Wiem, że w przypadku pruszkowskiego bossa może to zabrzmieć trochę głupio, ale był nieco naiwnym romantykiem. Jeśli zakochał się w jakiejś babce – tak, tak, on był z tych, którzy się zakochiwali – to niewiele brakowało, by wziął ją za rękę i patrzył z nią w gwiazdy. Może niekoniecznie deklamowałby Puszkina, ale jakieś bajery na pewno sadził. Uwielbiał świrować, wysyłać kwiatki, czekoladki i tym podobne.

Różniliśmy się tym, że ja kobiety traktowałem na zasadzie: „Chodź, daj, pyk, pyk i zmykaj", a on uwielbiał się „lovestory'ować". I to był jego problem, bo zamiast załatwić sprawę po mojemu, on przeżywał dylematy, rozterki, tęsknoty. Na cholerę! Nigdy nie potrafił zbajerować babki tak z marszu, tylko trzeba było go jej przedstawić, powiedzieć, że to jest właśnie słynny pan Andrzej

Pershing, on wtedy robił się czerwony jak burak, zaprzeczał, kokietował i tak dalej.

Wydaje mi się, że po prostu brakowało mu ciepła w domu i szukał go w ramionach obcych kobiet.

A.G.: Przecież był w długoletnim związku z Beatą S., konkubiną, którą wielu traktowało jak jego żonę. Ich relacja też była owocem wielkiej miłości – Pershing poznał ją w jednym z nocnych klubów Wybrzeża i wkrótce zamieszkali razem w jego willi w Ożarowie. Była ponoć naprawdę bardzo piękna, ale z biegiem lat ich uczucie skurczyło się do w miarę poprawnej relacji. Po śmierci Pershinga zapewniała przed sądem, że niewiele wiedziała o zawodowym życiu partnera.

J.S.: Andrzej szanował ją do samego końca. Także dlatego, że Beata wiedziała, co można, a czego nie można. Bardzo starała się nie popełniać błędów, nie wtrącać się do tych spraw Pershinga, które nie były przeznaczone dla jej uszu. Kiedy w ich domu odbywały się spotkania dotyczące grupy, nie było możliwości, aby przyłączyła się do rozmowy. Owszem, grzecznie witała gości, podawała kawę, herbatę, ciastka i na tym jej rola się kończyła. Ich willa była wielka – Beata miała się gdzie podziać. Nie wiadomo, może było jej przykro, że Andrzej nie dopuszcza jej do swych tajemnic, a może wcale nie chciała ich poznać? Wiem jedno – uczuciowo oddalali się od siebie coraz bardziej. Kiedyś Andrzej przyjechał do mnie do La Cucarachy na kolację i obsługiwała go jedna z najlepszych moich kelnerek – Sandra. Ja ją osobiście skaptowałem do pracy w mojej restauracji, „wyjąłem" z McDonalda. To była fenomenalna laska. Przyjmując ją do La Cucarachy, wynająłem jej od razu mieszkanie – takie z dużą wanną, żebym się w niej zmieścił razem z nią. To tak na marginesie.

Jak ją Pershing zobaczył, to aż mu się oczy zaświeciły. Pyta mnie: *A to kto?* A ja mu na to: *To taka moja osobista partnerka, ale widzę, że ci się podoba, więc mogę ci ją odstąpić. Czego to nie robi się dla przyjaciół!* On wtedy: *Jarek, kurwa, ja nie chcę tak. Odkupię od ciebie całą restaurację. Oczywiście razem z nią*. Nie ma sprawy – wyceniłem swój lokal na pięć dych papieru, a on tę sumę łyknął bez problemu. Akurat wybierał się do Ameryki, więc umówiliśmy się, że sfinalizujemy transakcję już po jego powrocie.

Niestety, już nie zdążył.

Na marginesie (3)

Na zdjęciu z 2003 roku wyglądają na szczęśliwą rodzinę. Michele i Edyta trzymają na rękach swojego rocznego synka, Michele'a juniora, który – z pomocą rodziców – kroi tort. Ona, postawna blondynka, jak przystało na szacowną kalabryjską damę, jest ubrana na czarno. Jej mąż ma na sobie sportową bluzę. Za chwilę wszystkie dzieci zgromadzone na tym kinderbalu zostaną poczęstowane smakołykiem...

W połowie grudnia 2010 roku włoskie media obiegła informacja o aresztowaniu zarządu jednego z klanów rodzinnych (*cosca*, rodzina) wchodzących w skład 'Ndranghety – kalabryjskiej organizacji przestępczej, strukturą i działaniem przypominającej sycylijską cosa nostrę czy neapolitańską camorrę. To była duża akcja – w ręce funkcjonariuszy wpadło czterdzieści dziewięć osób związanych z gangiem, w tym przedstawiciele skorumpowanego świata polityki.

W tym newsie dnia nie byłoby właściwie nic nadzwyczajnego – ostatecznie walka z mafią jest codziennością Włoch i co tydzień policja zatrzymuje jakiegoś jej członka. Nie byłoby, gdyby nie osoba stojąca na czele grupy.

Otóż osławioną rodziną Brunich, znaną też jako klan Bella-Bella, siejącą postrach w mieście Cosenza (wielkości Pruszkowa), dowodziła kobieta. W tym też nie byłoby niczego szczególnego, historia kryminalistyki zna takie przypadki. Rozbitą rodziną kierowała jednak... Polka – Edyta Kopaczyńska. Oglądający telewizyjne wiadomości Włosi przecierali oczy ze zdumienia: jak to możliwe, że na czele jednej z rodzin 'Ndranghety stanęła Polka? Skąd się tam wzięła, komu przyszło do głowy, aby powierzyć jej kierowanie groźną strukturą przestępczą?

Fakt, informacja brzmiała sensacyjnie, ale wyjaśnienie okazało się całkiem banalne – Edyta Kopaczyńska była życiową partnerką bossa rodziny, Michele'a Bruniego, i matką jego syna. Kiedy półtora roku wcześniej w wyniku spektakularnej akcji policyjnej Michele trafił za kratki, dwudziestoośmioletnia Edyta musiała przejąć część jego obowiązków.

Urodziła się w Ulhówku, wiosce przy ukraińskiej granicy. Kiedy wyjeżdżała do Włoch w poszukiwaniu lepszego życia, z pewnością nie podejrzewała, jaką rolę pisze dla niej los. Ba – nie wiemy nawet, czy wiążąc się z Michele'em, miała świadomość, czym tak naprawdę zajmuje się jej wybranek, skąd ma pieniądze i jaką funkcję u jego boku pełnią faceci o dość specyficznych aparycjach. Z pewnością dość szybko zorientowała się, co jest grane, bo przecież nie dało się ukryć, że Bruni znajduje się na liście stu najbardziej poszukiwanych przestępców we Włoszech. Ale wtedy nie było już odwrotu.

Gdy w lipcu 2009 roku boss został „zawinięty", Kopaczyńska przejęła stery grupy. Oczywiście nie działała samodzielnie – jako najbliższa rodzina miała prawo do częstych odwiedzin ukochanego, który w ich trakcie przekazywał jej polecenia. Instruował ją także podczas licznych rozmów telefonicznych. Jednak utrzymanie dyscypliny w strukturze mafijnej i zachowanie stałego poziomu dochodów było już wyłącznie dziełem Polki. Jak podkreślały media, aby wzbudzać większą sympatię kompanów, Kopaczyńska nauczyła się nawet mówić w dialekcie kalabryjskim, co musiało być dla niej nie lada wyzwaniem.

Gdyby mniej przykładała się do bandyckiego biznesu, pewnie w ogóle nie trafiłaby za kraty. Podobno pani Edyta zgodziła się współpracować z policją i – jak napisała jedna z gazet – dołączyć do teamu zwalczającego 'Ndranghetę.

Aresztowanie Edyty stało się początkiem końca jej pięknego włoskiego snu – rok później w więziennym szpitalu w Livorno zmarł w wieku trzydziestu ośmiu lat Michele (w 1999 roku zginął w strzelaninie jego ojciec, twórca klanu – Francesco Bruni). Organy ścigania uznały, że nadszedł kres całej rodziny.

Na facebookowym profilu Edyty (nie wiemy, czy prowadzi go sama) znalazła się ozdobna pocztówka, dołączana do kwiatów na smutną uroczystość. Czytamy na niej: *Zgasło światło. Nastała ciemność, lecz nie noc, słowa zastygły w ciszy. Wypaliła się świeca, zegar zatrzymał swój bieg. Czas dobiegł kresu, pozostała już tylko ostatnia droga – pożegnanie najbliższych, ból i łzy.*

Są też nowe zdjęcia rodzinne – mały Michele, który już nie jest taki mały, i matka... I nikogo więcej.

Rodzi się pytanie, czy gdyby Kopaczyńska zamiast Cosenzy wybrała Pruszków, zrobiłaby taką samą karierę. Czy udałoby jej się podporządkować grupę przestępców przyzwyczajonych do słuchania poleceń bossa tej samej płci? Czemu nie? Historia mafii pruszkowskiej zna kilka przykładów pań, które pod nieobecność zatrzymanych mężów musiały przejąć ich obowiązki.

W jednym z wywiadów znany polski antyterrorysta Jerzy Dziewulski zapewnił, że kobiety polskich gangsterów były trzymane z daleka od przestępczych interesów swoich mężów i partnerów. Ich zadaniem było tworzyć domowy azyl dla mafiosów, a nie wspierać ich w działalności pozaprawnej. Czy rzeczywiście? Oto kobiety, które wcale nie chciały pozostawać w tle.

ROZDZIAŁ 9

Monika – piękna i bezwzględna

Takiego ślubu można tylko pozazdrościć... Nie, gości nie było zbyt wielu, nie grała orkiestra wojskowa, zabrakło też szpaleru szabli, pod którym przeszłaby para młoda. Ale małżonkom nie zależało na splendorze dostępnym dla tłuszczy. Oni postanowili celebrować swoje szczęście w sposób zarezerwowany wyłącznie dla elity.

Małżeństwo zawarli w Las Vegas, światowej stolicy hazardu, w którym funkcjonuje ponad tysiąc siedemset legalnych kasyn (o nielegalnych nic nam nie wiadomo) i prawie ćwierć miliona automatów. W miejscu, które rocznie daje stanowi Nevada przychód w wysokości dziewięciu miliardów dolarów. W miejscu, gdzie fortuna idzie w parze z katastrofą, a wielka radość ze skrajną rozpaczą.

Andrzej B. (później przyjął nazwisko żony) i Monika Z. należeli do szczęśliwców, do których los się uśmiechnął. I to nie dlatego, że zaryzykowali jakąś sumę w ruletce czy blackjacku, ale dlatego, że malowała się przed nimi bajkowa przyszłość. On miał wystarczająco dużo pieniędzy, by wzruszać ramionami na widok tłumów napierających na drzwi kasyn. Skąd je miał? O tym potem.

Ślub (rzecz się dzieje w 1996 roku) miał charakter cywilny. Kościelny odbył się kilka lat później w Jerozolimie. Nabożeństwo celebrował wówczas ksiądz Kazimierz Orzechowski, znany choćby z roli w serialu *Złotopolscy*.

Świadkami, a zarazem jedynymi oprócz młodej pary uczestnikami imprezy w Vegas byli biznesmen Wojciech P. oraz jego partnerka Agnieszka.

Po ślubie pojawiła się skrzynka zmrożonego szampana Dom Pérignon, ale nie zapakowano jej do ośmiometrowego lincolna (bo limuzyna była dla tej pary zbyt krótka), tylko do... śmigłowca. I na pokładzie tej maszyny szczęśliwi małżonkowie odlecieli z Las Vegas. Po krótkim locie helikopter usiadł na dnie Wielkiego Kanionu i tam państwo Z. wypili szampana. Oczywiście ich wesele trwało tak długo, aż szlachetny trunek został wypity.

*

W świecie polskiej mafii było kilka kobiet-ikon (słowo „ikona" nie ma tu nic wspólnego z kultem religijnym, a wręcz przeciwnie) oraz cała armia bezimiennych (no, prawie) dam do towarzystwa. W kategorii ikon na pierwszy plan zdecydowanie wybijała się Monika, żona Andrzeja Z. „Słowika". Pominięcie jej byłoby ze strony autorów niniejszej książki wręcz nietaktem. Bo jeśli któraś z pań związanych z rodzimą przestępczością zorganizowaną zasługuje na miano kobiety mafii, to z pewnością jest nią właśnie Monika. Udowodniła to wtedy, gdy wydawało się, że po Pruszkowie zostały już tylko zgliszcza, a była żona Słowika od dawna spędza czas na smażeniu konfitur.

W połowie czerwca 2013 roku kraj obiegła sensacyjna wiadomość – Monika Z. została aresztowana. Wraz z nią policja zatrzymała osiem innych osób podejrzewanych o przynależność do grupy przestępczej o charakterze zbrojnym. Wpadli między innymi Leszek S. „Czarek" oraz czterdziestoletni Wojciech P. „Puchacz". Sądząc po wieku zatrzymanych, byli to zapewne kompani podejrzanej z czasów świetności Pruszkowa. Cała dziewiątka usłyszała zarzuty przestępstw korupcyjnych, handlu znacznymi ilościami narkotyków oraz wprowadzania do obiegu fałszywych banknotów.

Była żona Słowika miałaby – według prokuratury – przewodzić tej strukturze. Mówiąc po gangstersku: grubo!

Ci, którzy znali podejrzaną z dawnych czasów, wiedzieli, że drzemie w niej lwica. Ci, którzy traktowali ją jedynie jako kosztowną zabawkę Słowika, musieli szybko zweryfikować swój pogląd. Okazało się bowiem, że ta kobieta, słynąca z nieokiełznanego libido i zamiłowania do życia w luksusie, miała w sobie potencjał mafijnego bossa. Ba, być może całą tę legendę rozrywkowej panienki, niewtrącającej się do gangsterskich interesów męża, sama wymyśliła i kultywowała, by ukrywać prawdę o sobie.

Przed kilku laty na łamach „Dziennika" tak napisał o niej Jerzy Jachowicz: *Zawsze starała się być elegancka, ale dopiero związek z Andrzejem Z. umożliwił jej korzystanie z najdroższych strojów i kosmetyków. Przez blisko 10 lat małżeństwa używała francuskiej wody Angel firmy Thierry Mugler. Na wszelkie uroczyste wyjścia zakładała wyłącznie kostiumy i sukienki firmy Gai Mattiolo. Pijąc calvadosa, lubiła trzymać w ustach drogie kubańskie cygaretki. Jej mocną stroną zawsze były nogi. Toteż,* *mając już ponad 40 lat, wciąż nosi, jak w czasach młodości, minispódniczki*.*

Fakt, z pewnością lubiła luksus, i być może – ponieważ nie chciała się go wyrzec – postanowiła jakoś sobie radzić, by żyć po dawnemu. W jakimś sensie można to zrozumieć. Przecież nie jest jedyną kobietą, która lubi markowe ubrania i cygaretki, dodające niektórym damom swoistej atrakcyjności. Skoro miała za co kupić te atrybuty przynależności do świata luksusu, byłoby dziwne, gdyby z tego nie korzystała. Inna sprawa, skąd brała na to środki...

Zatrzymanie pięćdziesięciojednoletniej Moniki Z. nastąpiło w czerwcu, a w sierpniu mury więzienia miał opuścić (i rzeczywiście opuścił) Słowik, którego sąd oczyścił z zarzutów o uczestnictwo w zabójstwie szefa policji generała Marka Papały. Niewykluczone, że akcja wymierzona w grupę Moniki (jeśli założyć, że rzeczywiście właśnie ona była jej szefem) miała związek z tą okolicznością. Jaki? Żeby to zrozumieć, trzeba się cofnąć o kilka lat. Jesteśmy na Saskiej Kępie, w siedzibie pewnej firmy budowlanej. Piękna Monika unosi wzrok znad biurka zawalonego papierami i dostrzega przystojnego (ze względu na budowanie literackiego napięcia przyjmijmy, że był przystojny) mężczyznę. Ma on na imię Andrzej.

A.G.: Jak doszło do spotkania Słowika z jego przyszłą ukochaną?

---

* J. Jachowicz, *Od Barbie do straszydła, czyli kobiety mafii*, „Dziennik.pl" [online], 12.11.2007 [przeglądany 26.01.2014]. Dostępny w internecie: http://wiadomosci.dziennik.pl/opinie/artykuly/158449,jachowicz-od-barbie-do-straszydla-czyli-kobiety-mafii.html.

J.S.: Może na początek kilka słów o tym, jak Słowik trafił do grupy pruszkowskiej. Bo jedno wynika z drugiego. Otóż swoją gangsterską karierę zawdzięczał on zażyłości z Zygmuntem R. „Bolem". Poznali się w chliwie, czyli w więzieniu, gdzie Andrzej Z. trafił za jakieś pospolite przestępstwa. Jako że szybko wszedł do subkultury grypsujących, zyskał uznanie Bola.

A.G.: Przecież miało być o pięknych kobietach, a nie o jakichś ponurych grypsujących gościach.

J.S.: Tak się jednak składa, że piękne, atrakcyjne kobiety lgną do tego typu gości, a nie do takich jak ty, więc nie przerywaj, tylko słuchaj. Kiedy Słowik wyszedł z więzienia, zaczął szukać swojego

miejsca w życiu i oczywiście jedynym jego pomysłem na nie była przestępczość. Przygarnął go Bolo, ale Słowik musiał jakoś udowodnić, że nadaje się na gangstera i zasługuje na zaufanie starych pruszkowskich, więc zwąchał się z niejakim Kajtkiem z Lublina i razem z nim zaczął latać po kraju i likwidować ludzi. To był niespokojny czas przełomu lat osiemdziesiątych i dziewięćdziesiątych, gdy rodził się polski wilczy kapitalizm – ludzie pożyczali pieniądze, nie zwracali ich i ściąganie długów stało się osobną branżą. O tym opowiem szerzej w innym miejscu, teraz jedynie sygnalizuję.

A.G.: Rozumiem, że w ten sposób Andrzej Z. zapracował na zaufanie starych?

J.S.: Tak, tym bardziej że cały czas miał wsparcie Zygmunta R., który odgrywał w grupie bardzo ważną rolę. Początkowo Słowik stał się kimś w rodzaju przybocznego Bola, a potem wręcz mu dorównał. Czuł się ważny, rósł w siłę, ale ciągle mu było mało. Imponowali mu twardzi wojownicy, tacy jak choćby ja, oraz ludzie funkcjonujący na styku wielkiego biznesu i mafii, którzy zarabiali wielką kapuchę i żyli kolorowo. Tacy jak wspomniany wcześniej Wojtek P. Tak czy inaczej, Słowik zapragnął zaprzyjaźnić się z P., choć to ja i Kiełbacha byliśmy najbliżej tego biznesmena. Wprawdzie nie uśmiechało się nam dopuszczenie Andrzeja Z. do kompanii, ale nie mogliśmy mu tego zabronić. I tak Słowik zaczął bywać wraz z nami u P.

A.G.: No dobrze, ale gdzie tu Monika Z.? Miała jakiś związek z Wojciechem P.?

J.S.: Bardzo duży, zresztą podejrzewam, że większy, niż jestem w stanie udowodnić. Formalnie była sekretarką P. w jego biurze. Bardzo sprawną sekretarką. Biuro mieściło się przy ulicy Paryskiej na Saskiej Kępie. Nie wiem, z kim wcześniej była związana Monika, wiem natomiast, że gdy Andrzej Z. pojawił się u P. – zaiskrzyło.

A.G.: Miłość spadła na nich jak grom z jasnego nieba?

J.S.: Aż tak poetyckich porównań bym tu nie stosował, ale jest faktem, że dość szybko stali się parą.

A.G.: Zakochaną i wierną sobie aż po grób?

J.S.: Jeśli chodzi o nią, to cię zaskoczę: tak. Z tego, co wiem, była ślepo zapatrzona w Słowika i nie puszczała się na boku. Z jednej strony była to na pewno miłość, z drugiej zaś – strach. Przecież ona doskonale zdawała sobie sprawę, że jeśli puści go w trąbę, on jej urwie głowę. Tak więc miłość kwitła na gruncie wzajemnego – nazwijmy to tak – zaufania i momentami przybierała formy dość osobliwe.

A.G.: Co to znaczy?

J.S.: Powiem tak: jak jesteś z jakąś babką, to jest to sprawa między wami. Twoi kumple nie muszą wiedzieć, co z nią robisz, gdzie i w jaki sposób. Oczywiście, mam na myśli życie erotyczne. Tymczasem ona i on stanowili parę ekshibicjonistów, których związek był nieustającym peep-show. Niemal każdy mógł zobaczyć, jak wygląda ich życie intymne. Nie przeszkadzało im, kiedy wchodziliśmy do ich pokoju w Gołębiewskim, a oni akurat figlowali w łóżku – powiedziałbym wręcz, że to ich podkręcało. Słowik lubił z najdrobniejszymi detalami opowiadać o swoich przygodach łóżkowych z Moniką, i to przy niej, a ją to najwyraźniej bawiło. Uwielbiała być podziwiana i adorowana. Przyznam, że ja i moi kumple nie lubiliśmy wspólnych wyjazdów ze Słowikami. Fakt, głupio było odmawiać, ale staraliśmy się nie brać ze sobą naszych dziewczyn. Bo, mówiąc pół żartem, pół serio, Monika dawała zły przykład i w jej towarzystwie można było popsuć sobie wizerunek. Zachowywała się wyzywająco, bo uwielbiała rozgłos, zawsze pragnęła być w świetle jupiterów, na świeczniku. Tak jakby komuś chciała udowodnić, że mimo wszystko udało jej się w życiu, weszła na szczyt i już z niego nie zejdzie. Grubo jej odbiło. Może w dzieciństwie ktoś ją skrzywdził?

A.G.: Bądź co bądź, przeszła daleką drogę od prostej sekretarki do szefowej grupy przestępczej.

J.S.: Cóż, lata przemian... To nie była głupia baba, ona umiała wyciągać właściwe wnioski z konkretnych sytuacji. Obracać je na swoją korzyść. Kiedy zorientowała się, że bywa w towarzystwie liczących się facetów – takich jak ja czy Kiełbacha – postanowiła zagrozić tym, z którymi miała na pieńku. Groziła nami swoim dłużnikom. Skutecznie – dzięki odpowiednim straszakom udało jej się odzyskać wszystkie pieniądze, które miała u ludzi, i ukarać tych, którzy jej kiedyś zaszkodzili. A to, poza wszystkim, była dla niej lekcja życia – co trzeba robić, żeby wzbudzać respekt, i jak czerpać z tego korzyści materialne.

A.G.: Ale ten plan zakładał, że zawsze będzie miała u boku kogoś silnego i wpływowego.

J.S.: Jak Słowika zabrakło – zawinęli go w dwa tysiące pierwszym roku – Monika nie rozdzierała szat z tego powodu. Szybko skrzyknęła chłopaków z dawnej ekipy i zaczęła z nimi działać. Na starcie miała do dyspozycji kupę kasy – przecież rozporządzała pieniędzmi męża, które nie zostały im odebrane.

W dwa tysiące trzecim roku doklepał do niej Roman, czyli mój były ochroniarz, który często pośredniczył pomiędzy mną a różnymi ludźmi i instytucjami. Dlaczego akurat jego wybrała sobie na bliskiego współpracownika? Na pewno był charakternym chłopakiem, takim, na którym można polegać. Ale miał też... jeszcze inny atut, szczególnie ceniony przez kobiety: lachę tak długą jak noga od stołu. Przesadzam? Może trochę, chociaż jak wiadomo, są różne stoły. Powiem tak: gdy Roman leżał na tapczanie w hotelu, to przyrodzenie prawie mu opadało na podłogę. Dodajmy: są różne tapczany, wyższe i niższe. Pewna prostytutka tak to fachowo określiła: „Trybuna Ludu" złożona na czworo i zwinięta w rulon. Skoro pamiętała tamten organ (mówię o gazecie), to nie muszę dodawać, że była to dość leciwa kobieta lekkich obyczajów.

A.G.: Roman był oficjalnym kochankiem Moniki?

J.S.: Przez pewien czas tak, ale ona mierzyła wysoko. Wyżej niż te jego prawie dwa metry. Inna sprawa, że on cały czas miał żonę, więc nie mógł tak ostentacyjnie obnosić się z romansem z Moniką. A ona miała to gdzieś – cały czas wysyłała do niego SMS-y, nawet wtedy, kiedy wiedziała, że Roman siedzi z żoną w domu. Ale żona za bardzo się go bała, żeby mu podskoczyć. On się bawił, a ona miała siedzieć na tyłku i czekać na swojego ślubnego albo na telefon od niego. Jak nie odebrała po dwóch, trzech dzwonkach, to był problem. Przyznała kiedyś, że w ich w domu panowała zasada: jak nie odebrała na czas, to – możesz wierzyć bądź nie – musiała płacić sto dolarów. I zdarzało się jej zapożyczać, żeby spłacić karę. Czujesz to? W takim terrorze żyła, że kiedy zawinęli Romana, ona natychmiast dała nogę. Zwąchała się z jakimś ruskim biznesmenem, żyje z nim, mają dziecko. Jest wolna i pewnie szczęśliwa.

A.G.: Wróćmy do Moniki…

J.S.: Dowiedziała się, że w mieście jest ruski o imieniu Pietia. Był to czas świeżo po rozbiciu Pruszkowa, gdy mniejsze grupy próbowały wskoczyć na miejsce starej struktury i Pietia dobrze sobie radził w tym wyścigu szczurów. Zaprzyjaźnili się, ale pewnego pięknego dnia Pietia poznał Monikę ze swoim kompanem – Władysławem S. „Wadimem", okrzykniętym przez media rezydentem mafii rosyjskiej w Polsce. I żona Słowika zainteresowała się nim. Po raz kolejny w jej życiu zaczęła się wielka, szalona miłość.

A.G.: Podobno to uczucie widać było na jej twarzy. Monika promieniała, chodziła z głową w chmurach, wygładziła jej się cera. Po prostu znalazła szczęście w ramionach kochanka młodszego o jedenaście lat. A tymczasem mąż w kajdankach na rękach i nogach. Wiem, bo widziałem go na oddziale dla niebezpiecznych w warszawskim areszcie śledczym na Mokotowie. Zasłużył na takie potraktowanie?

J.S.: Tak kończą bandyci, nie ma się nad czym zastanawiać. A życie nie znosi próżni – miała czekać na niego nie wiadomo ile? Zresztą to jej wybór, nam nic do tego. Wolę ją oceniać jako przestępcę, bo na tym polu, także z Wadimem, naprawdę sporo „napsociła". Często ludzie pytają, jakim cudem Monika trafiła na ruskich. Otóż to oni trafili na nią – wiedzieli, kim jest i jakie interesy można z nią robić. Jak wiesz, Słowik – oczywiście razem z żoną – przez pewien czas ukrywał się w Hiszpanii. A tam nie zasypiał gruszek w popiele, ale zwąchał się z ruskimi i robił z nimi w prochach. Dzięki temu zarówno on, jak i ona mieli rozległe znajomości wśród Rosjan. Podczas gdy on kiblował w Hiszpanii, ona regularnie latała do Polski, by kontaktować się z kontrahentami, wśród których była masa ruskich. Stąd znajomość z Pietią i Wadimem.

Wyczynom tej pary policja przyglądała się od samego początku. I od razu stało się jasne, że kochankowie nie zamierzają otworzyć budki warzywnej, by zarabiać na życie sprzedażą marchwi i pietruszki. W grudniu 2008 roku oboje – wraz ze wspólnikami – zostali zatrzymani pod zarzutem terroryzowania (wyzyskiwania) biznesmena z Radzynia Podlaskiego. Nieszczęsny przedsiębiorca potrzebował pieniędzy (konkretnie chodziło o osiemdziesiąt tysięcy złotych) na dokapitalizowanie swojej firmy i ktoś mu polecił ludzi, którzy pożyczają chętnie, dużo i na korzystnych warunkach. Lepiej niż w banku. Biznesmen skorzystał z tej „okazji", nie wiedząc, że wchodzi właśnie na cienką linę prowadzącą w objęcia gangsterów. Bo tymi filantropami byli Monika Z. i Wadim. Koszmar biznesmena trwał dwa lata, bandyci nie zadowolili się bowiem zwrotem pożyczki, ale wymuszali też coraz wyższe odsetki, grożąc nieszczęśnikowi i jego rodzinie śmiercią. W końcu przedsiębiorca poszedł po pomoc na policję.

Zatrzymanie Moniki i Wadima nastąpiło w niezwykle romantycznych okolicznościach. Oddajmy głos dziennikarzowi „Super Expressu", który tak relacjonował to zdarzenie: *Była godz. 6.40 w sobotę rano, gdy Monika B.* [to błąd, chodzi o Monikę Z. – przyp. A.G.] *i jej kochanek Władysław S. ps. Wadim uprawiali właśnie poranny seks. Niedane im było dokończyć miłosnych uniesień przy amatorskim filmie pornograficznym ze swoim udziałem, który odtwarzali na ekranie telewizora. Uniemożliwili im to policjanci z Centralnego Biura Śledczego i uzbrojeni po zęby antyterroryści, którzy właśnie wtedy zapukali do mieszkania byłej żony Słowika na Ursynowie. Kochankowie otworzyli grzecznie drzwi i wpuścili stróżów prawa do środka. Chwilę potem zakuci w kajdanki jechali już na pierwsze przesłuchanie**.

Monika Z. opuściła areszt za kaucją ośmiu tysięcy złotych.

A.G.: Miałeś świadomość, czym zajmowała się Monika Z. już po nawiązaniu relacji z Wadimem?

J.S.: Tak, bo sporo na ten temat mówił mi Roman, który cały czas jakoś tam się przy nich kręcił. Miałem też zresztą inne źródła. I uczciwie informowałem o tym policję, ale jako że moje

* Piot, *Kochankowie z mafii zatrzymani podczas seksu*, „SE.pl" [online], 5.08.2013 [przeglądany 26.01.2014]. Dostępny w internecie: http://www.se.pl/wydarzenia/kronika-kryminalna/kochankowie-z-mafii-zatrzymani-podczas-seksu_82826.html.

wiadomości były dość ogólnikowe, śledczy nie mieli z nich większego pożytku. Oni chcieli ode mnie jakichś mocnych dowodów, a ja im powtarzałem: skoro mogliście wysyłać obserwację za mną, to z ruskimi pójdzie wam jeszcze łatwiej. To nie są przecież jakieś pruszkowskie cwaniaki, doskonale orientujące się na mieście, i będziecie ich mieć jak na patelni.

Na szczęście grupa Moniki i Wadima stała się tak bezczelna, a przy tym nieostrożna, że sama pchała się w łapy policji. Teraz pewnie Monice będzie dość trudno przekonać śledczych o swojej niewinności.

A.G.: Posiedzi?

J.S.: Tego nie powiedziałem. Nie wykluczam, że dostanie propozycję korony, czyli będzie mogła uzyskać status świadka koronnego.

Monika dużo wie o czynach męża i z jej pomocą można by go zapuszkować na wieczność. Ona zaś dzięki temu uniknęłaby więzienia, które – jak wiadomo – nie jest wymarzonym środowiskiem dla kobiety luksusowej.

ROZDZIAŁ 10

Prawdziwa dama i jej dwór

W Warszawie są jedynie dwie prawdziwe damy. Ja i pani prezydentowa Kwaśniewska – ten greps Monika powtarzała nieustannie, znalazł się zresztą w aktach sprawy dotyczącej zabójstwa generała Papały. To chyba najlepiej oddaje jej stosunek do siebie – samouwielbienie i brak właściwej samooceny.

Ale Monika Z. doszła tam, gdzie doszła, głównie dzięki temu, że zawsze miała o sobie bardzo wysokie mniemanie. Czasem jej to pomagało, czasem przeszkadzało, ale zawsze stanowiło jej znak firmowy.

Pan X to szanowany biznesmen, utrzymuje kontakty z firmami z wielu krajów świata. Zasięg jego działalności gospodarczej jest imponujący, podobnie jak bogactwo koneksji, które otwierają mu drzwi do świata elit.

Spotykamy się eleganckiej restauracji, którą zaproponował Masa – jest to miejsce na uboczu, ciche, spokojne, stoliki oddalone od siebie na tyle, że nie musimy snuć wspomnień szeptem.

Pan X prosi nas, abyśmy nie ujawniali jego tożsamości – błędy z przeszłości nie powinny rzutować na teraźniejszość.

Swoją przygodę z biznesem rozpoczął jeszcze w latach 80., a w następnej dekadzie przydarzył mu się epizod (dość długi), który zaprowadził go na ławę oskarżonych. Przez kilka lat bowiem pan X miał do czynienia z grupą pruszkowską. Stał się kimś w rodzaju doradcy prawnego i finansowego niektórych bossów. Wprawdzie trudno go nazwać gangsterem, bo przecież nie brał udziału w rozbojach czy wymuszeniach, ale dzięki niemu bandyci pewniej poruszali się w gąszczu przepisów i paragrafów, a także wchodzili na salony, wcześniej często dla nich niedostępne. Dzięki temu pan X doskonale poznał bossów Pruszkowa, a spośród kobiet związanych z grupą najbardziej utkwiła mu w pamięci właśnie Monika Z.

X: Pamiętam ją dobrze z czasów, gdy Andrzej Z. „Słowik" trafił za kraty, a ona uwierzyła, że jest w stanie przejąć w całości jego interesy i jeszcze je rozwinąć. Oczywiście, tym razem już wyłącznie na swój rachunek. Początkowo pomagał jej w tym Roman.

A.G.: Ten sam, którego następnie porzuciła dla Pietii?

X: Pietia nie pojawił się od razu. Nie jestem zresztą przekonany, że rozstanie z Romanem było wyłącznie jej inicjatywą. Sądzę, że on również miał jej dość. Dlaczego? Zaraz do tego dojdę. Przez długi czas Roman był jej bardzo oddany. Do historii grupy przeszła historia o tym, jak Monika poszła do fryzjera w warszawskiej Galerii Mokotów i nie spodobał jej się kolor farby, którą położono jej na włosy. Wtedy Roman, nie bacząc na to, że w zakładzie było wielu klientów, zamknął drzwi i sterroryzował pracowników, mówiąc, że dopóki Monika nie będzie zadowolona z usługi, nikt nie wyjdzie. I rzeczywiście – zajęło to trochę czasu, ale w końcu klientka wyraziła aprobatę.

J.S.: Trzeba przypomnieć, że to były trochę inne czasy – pierwsze lata nowego wieku. Wtedy jeszcze hasło „Pruszków" naprawdę wzbudzało grozę i choć zęby grupy zostały mocno stępione, ludzie się jeszcze bali.

X: Choć tematem waszej książki są kobiety mafii, w tym miejscu wypada trochę powiedzieć o Romanie, bo jednak odegrał dużą rolę w budowaniu pozycji Moniki. Bądźmy szczerzy: to nie był tuzinkowy facet. Fakt, typowy socjopata ze skłonnościami do okrucieństwa – nie on jeden zresztą – ale z pewną klasą. Dorastał w domu, który nie przygotowywał go do roli ważnego gangstera. Jego matka była osobą wykształconą, o szerokich horyzontach, a także – choć miała szlacheckie korzenie – działaczką skrajnej lewicy. Bardzo jej zależało, aby Roman wyrósł na kogoś podobnego do niej, zmuszała go więc do nauki, czasem wręcz metodami stalinowskimi, co nie dziwi w wypadku osoby o poglądach radykalnie lewicowych. Biła go i nawet na krótki czas wylądował w psychiatryku.

Z dość dobrymi wynikami trafił na studia ekonomiczne, ale tam chętniej odwiedzał siłownię niż sale wykładowe, zainteresował się sterydami i w końcu zrozumiał, że nauka nie jest jego powołaniem. Wkrótce został gangsterem. Przez pewien czas pracował dla Janusza G. „Grafa", ale z czasem wyrósł na równego mu członka grupy.

J.S.: Roman zasługuje na osobny rozdział w książce, oczywiście nie o kobietach mafii, ale o czołowych pruszkowskich gangsterach. Jego współpraca z Moniką po dwa tysiące pierwszym roku, czyli po zatrzymaniu Słowika, to w sumie końcowa część jego kariery.

X: Pamiętam, zdarzało mi się spotykać Monikę i Romana w restauracjach, oczywiście przypadkowo. Często byłem świadkiem tego, jak wymuszała na nim określone działania. Jej ton i słownictwo miały się wtedy nijak do ambicji bycia jedną z dwóch prawdziwych dam stolicy. Wykrzykiwała wtedy skrzeczącym głosem, zupełnie jakby była git-falbaną*: *Romek, kurwa, zrób z tym coś, kurwa, chcą nas wydymać, pedały pieprzone*. Czy coś w tym stylu. Zresztą dlatego, że tak skrzeczała, nazywaliśmy ją Żabą Moniką – na cześć telewizyjnej kukiełki, szalenie popularnej w latach osiemdziesiątych.

Lubiłem słuchać rozmów Moniki Z. z Romanem, bo najwyraźniej w ich życiu działo się dużo ciekawych rzeczy.

A.G.: Rozumiem, że interes się kręcił i chodziło im tylko o to, aby nikt nie wchodził im w paradę. Czym się zajmowali?

J.S.: Monika zatrudniła się w Przedsiębiorstwie Handlowo-Usługowym Suma, spółce z ograniczoną odpowiedzialnością z siedzibą w Pyrach. Jej właścicielem i zarazem prezesem był Jan S., bardzo sympatyczny starszy pan, zupełnie niepodobny do Moniki i Romana. Zajmował się handlem klejem jednej

* Kim były git-falbany, wyjaśniamy w następnym rozdziale (przyp. A.G.).

z polskich firm, a Monikę polecił mu znany menedżer działający na rynku budowlanym. Żona Słowika utrzymywała kontakty z trzema młodymi biznesmenami, którzy pomagali jej w interesach: Dominikiem Aleksandrem L., Michałem D. oraz Pawłem P., skądinąd synem generała Wojskowych Służb Informacyjnych. Cała trójka specjalizowała się w wyłudzeniach podatku VAT i przejmowaniu oraz niszczeniu spółek na zlecenie. Chłopcom wydawało się, że Monika ochrania ich działalność, więc odpalali jej dolę.

J.S.: Problem w tym, że Roman miał niewielką wiedzę na temat przekrętów z fakturami VAT, ale bardzo mu się ten proceder spodobał. Do tego stopnia, że otworzył nawet biuro w Sheratonie, gdzie przyjmował klientów zainteresowanych jego lewymi usługami.

X: W pewnym momencie oni wszyscy stracili instynkt samozachowawczy – dostarczali swoim klientom takie faktury (i na tak gigantyczną skalę), że musiały wzbudzić podejrzenie skarbówki, bo były po prostu z księżyca. Używając przenośni, można powiedzieć, że robili sobie pieczątki z kartofla i produkowali faktury – byle więcej i więcej. Jeden z ich klientów z tego powodu wpadł i musiał zapłacić fiskusowi gigantyczną karę. Oczywiście, te machlojki odbiły się rykoszetem na Janie S., który w końcu zamknął firmę PHU Suma i jeszcze zapłacił grzywnę.

Przy okazji warto wspomnieć o wielkim przekręcie, który zrobiło trzech wspomnianych młodych biznesmenów związanych z Moniką – dziwię się, że jeszcze nie zainteresował się nim żaden producent filmowy. Jeden z tej trójki, nie mam pojęcia jak, złapał namiar na pewną Rosjankę. Kobieta miała firmę w Polsce i jakiś Hindus, również działający w naszym kraju, był jej winien około miliona dolarów. Ona chciała sprawę przeprowadzić jak najbardziej legalnie, dysponowała nawet urzędowym poleceniem zapłaty, ale Hindus całkowicie ją lekceważył. W końcu zjawiło się u niej trzech znanych nam już panów, którzy przekonali ją do tego, aby im oddała tę wierzytelność, a oni odzyskają pieniądze. Z chwilą kiedy Rosjanka oddała im papier, zapomnieli o niej. Przestała dla nich istnieć. I teraz zaczyna się główna akcja filmu: chłopcy ustalili, że handlujący w Polsce tekstyliami Hindus ma w Londynie bardzo bogatego ojca. Wystarczyło go inteligentnie przycisnąć. Paweł P.

(nie wiem, czy dzięki koneksjom ojca generała) załatwił sobie legitymację oficera służb specjalnych, Dominik L. wystąpił jako adwokat, a Michał D. – jako prokurator.

Polecieli do Londynu, a jako że doskonale posługiwali się językiem angielskim, perfekcyjnie odegrali swoje role. Postraszyli Hindusa seniora, że jego synowi grozi piętnaście lat więzienia i raczej trudno będzie go przed tym uchronić. No, chyba żeby… Oczywiście stary uchwycił się tej szansy i cały zamienił się w słuch. Przekaz był prosty: pieniądze muszą zostać natychmiast zwrócone, a syn oszust ma wyjechać do Londynu. Tytułem rekompensaty stary zapłaci od razu sto tysięcy funtów, bo chyba docenia to, że przedstawiciele państwa polskiego fatygowali się nad Tamizę, żeby chronić tyłek jego synalkowi. A milion, który stał się powodem całego sporu, przeleje na podane konto.

A.G.: Nie powiecie mi, że stary Hindus był aż tak naiwny…

X: Był przeszczęśliwy, że może uratować syna. Zapłacił sto tysięcy funtów i obiecał przelać resztę jak najszybciej. Trójka wróciła do kraju i spotkała się z Moniką. Żona Słowika dowiedziała się od nich, że w Londynie udało im się wyciągnąć jedynie trzysta tysięcy dolarów. Hindus więcej nie miał, ale i to chyba nie było do pogardzenia.

A.G.: Uwierzyła?

X: To była przecież bardzo wiarygodna wersja, tym bardziej że odpalili Monice całą stówę. Niestety, chłopcom nie udało się tej opcji dodatkowo uwiarygodnić. Otóż, jak to młodzi ludzie, zaczęli szastać kasą na lewo i na prawo. Jeden z nich kupił sobie bentleya, drugi dom – generalnie żyli znacznie ponad stan i obnosili się ze swoim bogactwem. Monika zaczęła po cichu drążyć sprawę i swoimi kanałami odkryła prawdę.

A.G.: I pewnie boleśnie dała im do zrozumienia, jak bardzo się na nich zawiodła?

X: Na pewno tak by się stało, gdyby cały czas była z Romanem. Nieco wcześniej jednak w modnej warszawskiej kawiarni Szpilka poznała eleganckiego i wykształconego rosyjskiego gangstera o imieniu Wiktor i Roman stał się dla niej przeszłością. Zresztą, jak powiedziałem wcześniej, Roman też miał już dość wybuchowej natury Moniki. I tak chłopcom upiekł się londyński przekręt.

A.G.: Roman wrócił pokornie do żony czy nadal szukał szczęścia z kochankami?

X: Stratę Moniki – nie wnikajmy w to, kto kogo zostawił – powetował sobie z nawiązką. Szybko poznał niejaką Edi – śliczną blondynkę o imieniu Edyta. Można bez wahania powiedzieć, że było to ucieleśnienie lalki Barbie, przy czym miała ona w sobie więcej ze słodkiej, niewinnej nastolatki niż z playboyowego wampa. Poznali się chyba na dyskotece, choć nie dałbym sobie za to głowy uciąć – na pewno w jakichś rozrywkowych okolicznościach. Edyta nie tylko spodobała się Romanowi, ale też zaimponowała mu – była właścicielką bardzo wówczas popularnej agencji modelingowej i obracała się w sferach raczej dla niego niedostępnych. Zabierała go na przyjęcia do ludzi związanych z rynkiem mody i modelek, a dzięki temu rosło jego ego. Zresztą Roman pasował do tego środowiska:

był wysoki, przystojny, świetnie ubrany, wydawał się wymarzonym partnerem dla niej. Niestety, gdy tylko Edi dowiedziała się, z kim tak naprawdę ma do czynienia, zdecydowała się rozstać z Romanem. No, ale on miał zupełnie inne plany i postanowił przekonać ją o tym w sposób, powiedziałbym, drastyczny. Wywiózł ją gdzieś do lasu, zmaltretował, groził śmiercią, a jej przyjaciółce spalił samochód. Ale Edyta nie pękła – poszła do Komendy Stołecznej, opowiedziała o swoich problemach z Romanem i zagroziła: albo go zatrzymacie, albo pójdę do mediów, a mam tam dobre znajomości, i ujawnię, że boicie się groźnego przestępcy i pozwalacie mu na bezkarność. I faktycznie – wkrótce Roman trafił za kraty. Za znęcanie się nad swoją kochanką dostał osiem lat. I skończył się dla niego wielki świat mody i luksusowych rautów.

A.G.: A tymczasem, od czasu związku z Wiktorem, pani Z. zasmakowała w przyjaźni z Rosjanami?

X: Tak, bo najpierw był Wiktor, potem zaś jego kompan Pietia. A następnie Wadim. Na marginesie: kiedyś pod hotelem Sobieski spotkałem Monikę z Wiktorem. Próbował jej – w sposób spokojny i rzeczowy – wytłumaczyć, że w jego kraju kobieta nie wtrąca się do interesów męża. On wie, co robi, i nie potrzebuje jej wsparcia. Wiedziałem, o co mu chodzi – ona zawsze chciała rządzić i przyzwyczaiła się, że faceci jej na to pozwalają. Teraz też stawiała się swojemu partnerowi i nawet doszło między nimi do rękoczynów. Ale po chwili pocałowali się i znów zapanowała między nimi wielka miłość.

J.S.: Ale żeby było jasne – to nie była miłość aż po grób.

X: Wiktor też w pewnym momencie miał jej dość. Rozmawiałem z nim kiedyś i wytłumaczył mi, że są pewne zasady, których należy przestrzegać. On miał świadomość, że działa w obcym kraju i Monika u jego boku jest atutem, ale kiedy siadał do stołu z kontrahentem, miała być cicho i się uśmiechać. Na tym kończyła się jej rola. Oczywiście on dzielił się z nią dolą pół na pół, więc nie powinna była narzekać. A jej było wciąż mało.

Pan X w pewnym momencie stracił Monikę z pola widzenia. Gdy związała się z Wadimem, nie miał właściwie okazji ich spotykać. Wtedy bowiem świat mafii pruszkowskiej przestał odgrywać w jego życiu jakąkolwiek rolę. Ułożył sobie wszystko od nowa, a w biznesie osiągnął sukces.

Jak zapewnia, nie widzi powodu, aby spotykać się z ludźmi, którzy nadal żyją dawną chwałą i którym roi się, że znów będą rozdawać karty „na mieście".

ROZDZIAŁ 11

Charakterne git-falbany

Ten, kto wyobraża sobie żonę mafiosa jako kurę domową w złotej klatce, kobietę, której świat nie przekracza granic ogrodu rezydencji i która nie ma pojęcia o rzeczywistym charakterze pracy męża, po prostu się myli.

Według obiegowej opinii, utrwalanej przez kino i literaturę, towarzyszka życia bossa grupy przestępczej – dopóki idzie mu karta – żyje w komfortowych warunkach, otacza się atrybutami luksusu, mającymi podkreślić jej status.

Ma pieniądze, po które sięga do torebki Louisa Vuittona czy Prady, i szasta nimi, aby udowodnić innym i sobie samej, że osiągnęła to, o czym zawsze marzyła: jest bogata, a jej mężowi nikt nie podskoczy. A kiedy na horyzoncie zaczynają majaczyć wątpliwości, czy aby ten stan nie jest tylko chwilową iluzją, za którą przyjdzie słono zapłacić, sięga po szampana (albo po coś o wiele mocniejszego) i zagłusza je w sobie. Mrok gorszych dni rozjaśnia sobie lampami solarium, a chłód mężowskiego serca rekompensuje karaibskim słońcem.

Sęk w tym, że w powyższym stereotypie jest tyleż prawdy, co fałszu, zwłaszcza że wielu gangsterskim żonom nigdy nie imponowało to „życie w błękicie" i wolały żyć skromnie niż nazbyt wystawnie.

W opisach kobiet mafiosów rzadko natomiast pojawia się typ lwicy, która w sytuacji zagrożenia gotowa jest stanąć przeciwko całemu światu, by bronić najbliższych. Albo – gdy na obronę jest już za późno – by ich pomścić. Po gangstersku, z bronią w ręku. Wtedy nie jest już jedynie laleczką bandyty, która siedzi grzecznie w domu, czekając biernie na to, co przyniesie kolejny dzień, ale niebezpieczną furią siejącą zniszczenie. Furią, która sama podejmuje decyzje i nie liczy się ze zdaniem innych.

Tak działała Agnieszka R., konkubina wołomińskiego gangstera Adama Ch. „Świni", opisana między innymi na łamach magazynu „Śledczy".

W 2004 roku polskim półświatkiem kryminalnym wstrząsnęła informacja o wendecie dokonanej przez pozornie spokojną sprzedawczynię, której nikt nie podejrzewał o to, że potrafi działać niczym bohaterka kina sensacyjnego.

Jej konkubent, Adam Ch., znany kompanom jako Świnia bądź Pryszczaty, był dość ważnym ogniwem w łańcuchu przestępczym grupy wołomińskiej, kierowanej przez Jacka Klepackiego „Klepaka".

Gwoli przypomnienia: Klepak był synem innego znanego gangstera – Mariana Klepackiego, uważanego za jednego z szefów tak zwanego starego Wołomina, a więc struktury blisko związanej z gangiem pruszkowskim. Stary Klepacki, zwany potocznie Mańkiem, został zastrzelony w najgłośniejszej mafijnej egzekucji w kraju, która odbyła się 31 marca 1999 roku w restauracji Gama (wcześniej Dorotka) na warszawskiej Woli.

Wraz z Mańkiem zginęli wówczas inny boss Wołomina, Ludwik Adamski „Lutek", oraz trzech gangsterów: Olgierd W. „Łysy", Mariusz Ł. „Przeszczep" i Piotr Ś.

Wkrótce potem syn Klepackiego, Jacek, przejął schedę po ojcu. Stworzył groźną grupę, zwaną młodym Wołominem, w rzeczywistości mającą niewiele wspólnego ze starą ekipą. Klepak – trzy lata później – skończył mniej więcej tak samo jak ojciec: kule killerów dosięgły go w mikołajskiej restauracji Okoń, szczególnie lubianej przez stołecznych przestępców.

Na czele gangu stanął wówczas Robert R. „Rudy" – Adam Ch. przeszedł więc pod jego komendę. W artykule w magazynie „Śledczy" napisano: *Świnia ma na swoim koncie udział w porwaniach, wymuszenia rozbójnicze, haracze i handel narkotykami. Właśnie na handlu narkotykami wyrósł i wyrobił sobie pozycję w grupie. A mały osiedlowy sklepik spożywczo-monopolowy*

niedaleko ronda Wiatraczna, który wzięli z Agnieszką w ajencję, stał się centrum hurtowej dystrybucji narkotyków. Piwnicę pod sklepem Świnia przerobił na centrum dowodzenia – miał tam gabinet z biurkiem, kanapą i ścianą monitorów przekazujących obraz z kamer zamontowanych na górze – w sklepie i wokół niego. Siedząc na dole, widział wszystko wokół. Na wypadek szturmu – czy to konkurencji, czy policji. Pod ręką była tu też szafa z bronią.

Naiwne byłoby przypuszczenie, że Agnieszka R. nie zdawała sobie sprawy, czym tak naprawdę zajmuje się Adam Ch., tym bardziej że w dość krótkim czasie parze udało się zgromadzić majątek sięgający prawie pół miliona złotych. Na sklepiku osiedlowym trudno dorobić się dwóch mercedesów i audi...

Gdy Rudy trafił za kratki, przywództwo w grupie przejęli Dariusz B. „Jogi" i Jacek K. „Citek".

Nowi szefowie postanowili dokonać przeglądu kadry i po krótkiej analizie wyszło im, że Świnia za bardzo podskakuje: kręci na boku (być może nie rozlicza się zgodnie z regułami gry) i niewykluczone, że tworzy własną grupę. Ów swoisty raport dotarł do Rudego, który miał zadecydować o „odpaleniu" Adama Ch. Tak przynajmniej relacjonowała to prasa.

Świnia dość szybko się zorientował, że nad jego głową zebrały się czarne chmury, i wiedział, że może liczyć tylko na sprawdzonych przyjaciół: Wiesława B. „Grubego" oraz dwóch „żołnierzy" o pseudonimach Niedźwiedź i Kamieniak.

Adam Ch. przepadł jak kamień w wodę 5 sierpnia 2004 roku. Wyjechał do galerii handlowej Promenada na spotkanie z wołomińskimi gangsterami, Uchalem i Małpą, i już nigdy nie wrócił do domu.

Gdy Agnieszka zorientowała się, że z jej ukochanym stało się coś złego (policja zapewniła, że go nie zatrzymała), zaczęła desperacko działać. Ta historia jest dość skomplikowana i szalenie fascynująca, ale wystarczy skrócić ją do najważniejszych faktów. Otóż kobieta – grożąc pistoletem przypuszczalnym świadkom zajścia – ustaliła, że mąż został zastrzelony podczas imprezy alkoholowej. Egzekutorem, na żądanie szefów gangu, był Wiesław B. W zabiciu gangstera pomógł mu Niedźwiedź. Czemu Jogi i Citek zlecili zabójstwo najbliższym kumplom Adama Ch.? Być może po to, by mogli oni wykazać się lojalnością wobec góry, a nie wobec niego.

Gdy Wiesiek pojawił się w sklepie Agnieszki, zaczął się ostatni akt tej iście szekspirowskiej tragedii.

Przy pomocy brata Adama Ch., Grzegorza, zrozpaczona kobieta związała Grubego i wyszła na chwilę. Gangster wyplątał się z więzów i zaczął uciekać, ale na schodach został zatrzymany. Wtedy wyjął broń i strzelił do Grzegorza, jedynie lekko go raniąc. Wywiązała się bójka. Do akcji wkroczyła Agnieszka z młotkiem w ręku. Podała Grzegorzowi narzędzie zbrodni, a sama przytrzymała zabójcę swego męża. Grzegorz bił tak długo, aż Gruby stracił przytomność, a chwilę później wyzionął ducha.

Agnieszka, która zapewniała sąd, że wszystko to było nieszczęśliwym zbiegiem okoliczności, dostała sześć i pół roku więzienia. Dla Grzegorza wymiar sprawiedliwości okazał się łaskawszy – skazał go na cztery i pół roku.

A.G.: Znałeś Agnieszkę?

J.S.: Osobiście nie, chociaż o sprawie, naturalnie, słyszałem.

A.G.: Nic, tylko pozazdrościć takiej żony czy konkubiny... Ale muszę przyznać, że ta historia robi na mnie wrażenie – Agnieszka R. to prawdziwa kobieta mafii.

J.S.: Zapewniam cię, że większość żon gangsterów – przynajmniej tych, które ja poznałem – postąpiłaby dokładnie tak samo. Można różnie o nich mówić, ale nie sposób odmówić im jaj. W szczególności dotyczy to git-falban...

A.G.: Git-falbana? Dobrze brzmi, ale niewiele wyjaśnia.

J.S.: Żeby zrozumieć, kim były git-falbany, trzeba się mocno cofnąć w czasie – mniej więcej do środkowego PRL, gdy obok wzorcowego społeczeństwa socjalistycznego prężnie rozwijała się dość osobliwa i mało sympatyczna subkultura, która miała się nijak do modelu obywatela kreowanego przez państwową propagandę. Subkultura patologii, wyrastająca w środowisku warszawskiej Pragi – drobni przestępcy i kanciarze, i ich rodziny, skazane na wieczną lichą wegetację w cieniu kodeksu karnego. Subkultura, dla której jedynym gimnazjum i uniwersytetem były więzienia, gdzie uczono się życia i gangsterki. Po zakończeniu kary chwila na wolności, a potem znów do puchy na kolejne wykłady. Trzeba pamiętać, że przy PRL-owskich więzieniach te obecne to luksusowe sanatoria, gdzie można w spokoju wzbogacać swoją wiedzę o starożytnych filozofach i rzeźbić ciało na siłowniach. Kiedyś odpękanie wyroku stanowiło prawdziwe wyzwanie! Ludzie, dla których jedynym horyzontem była wizja kolejnej odsiadki, żyli w enklawach. Stamtąd tak naprawdę nie było ucieczki, ale też nikt z zewnątrz nie miał do nich dostępu. Nawet milicjanci dwa razy się zastanowili, zanim podjęli jakąś interwencję na Ząbkowskiej czy Brzeskiej. Patologia miała też swój specyficzny język, który tylko pogłębiał podział między nią a resztą rodaków.

A.G.: Rozumiem, że chodzi o więzienną grypserę?

J.S.: Właśnie. Język stworzony przez wiele pokoleń osadzonych, będący w użyciu już przed wojną i potem jedynie udoskonalany. Zrozumiałe, że jeśli posługujesz się nim za kratkami, to po wyjściu na wolność też nie wrócisz do literackiej polszczyzny. Inna sprawa, że dla praskiej patologii to właśnie grypsera była literacką polszczyzną, językiem urzędowym i jedynym właściwym. Posługiwały się nim głównie gity.

A.G.: Gitowcy?

J.S.: Nie gitowcy, ale gity.

A.G.: A jaka to różnica?

J.S.: Zasadnicza. Ja wiem, że w twoich kręgach nie odróżnia się tych pojęć, ale mowa o dwóch odmiennych środowiskach. Gity to bohaterowie naszej rozmowy, a gitowcy – wręcz przeciwnie: to strażnicy więzienni, czyli klawisze. To o nich pod celami mówi się „gitowcy".

A.G.: Czyli git-falbana to żeńska odmiana gita?

J.S.: Tu nie chodzi o przynależność sformalizowaną, ale rzeczywistą. O kobietę, która wyrosła w środowisku patologicznym, żyła zgodnie z jego normami i wiedziała, że jej przyszłość to mężczyzna z tego samego kręgu. I takich – naturalnie, grypsujących – git-falban było sporo w grupie pruszkowskiej, szczególnie u boku gangsterów wywodzących się ze starej recydywy. Niektóre były naprawdę groźne, a ich ego przewyższało Pałac Kultury – chciały nie tylko być żonami bossów, ale też same rządzić grupą, a przynajmniej mieć wpływ na jej działalność.

Wystarczy wspomnieć Baśkę W., żonę Jerzego W. „Żaby", Gosię M., żonę Mirosława M. „Malizny", Jadźkę K., żonę Zbigniewa K. „Alego" czy Baśkę S., towarzyszkę życia Ryszarda S. „Kajtka". Przykłady zresztą można mnożyć.

A.G.: Pewien ceniony dziennikarz śledczy napisał, że polscy mafiosi trzymali swoje żony i kochanki z daleka od biznesu. Nie było im wolno wtrącać się do gangsterki, miały wyłącznie pachnieć i wychowywać dzieci.

J.S.: Nie chcę tego komentować. Powiem tylko tyle: facet od lat pisze bzdury i nie mam pojęcia, czy wynika to ze złej woli, niewiedzy czy po prostu z zawodowego wypalenia. Nieważne. Prawda jest taka, że wtrącanie się git-falban do gangsterskich spraw było nie tylko nieznośne, ale czasami przybierało formy po prostu komiczne. Zdarzało się, że kiedy chłopaki planowały jakiś skok, do pokoju wkraczała git-falbana, która podsłuchiwała rozmowę z drugiego pokoju, i zaczynała swoje: *Ja bym to inaczej zrobiła, wy nie macie pojęcia, jak się robi skoki…*

A.G.: Rozumiem, że panowie delikatnie, acz stanowczo dziękowali za taką inicjatywę?

J.S.: To zależy. Niektórzy byli na tyle pod pantoflem, że dla świętego spokoju zgadzali się na głos doradczy swoich kobiet. Sam byłem świadkiem, jak Ali, rozmawiając z chłopakami o akcji, powiedział: *Moja Jadzia uważa, że powinniśmy rzecz przeprowadzić zupełnie inaczej*. Oczywiście, robił z siebie totalnego durnia, ale jego pozycja w grupie była na tyle silna, że nikt nawet nie śmiał mu zwrócić uwagi.

Jednak najbardziej jaskrawym przykładem takiego podejścia jest żona Żaby, Baśka. Oczywiście, ona też wychowała się na Pradze i latała w nabojce z chłopakami.

A.G.: „W nabojce"? Dzisiaj tak określa się grupy najbardziej zagorzałych kibiców piłkarskich, którzy jeżdżą na ustawki.

J.S.: Wtedy chodziło o ekipy, które trzymały się razem i razem dokonywały większych bądź mniejszych przestępstw. Baśka też się trzymała grupy – chlała z chłopakami, uprawiała z nimi seks, uczestniczyła w napadach. Jeszcze w czasach PRL siedziała w więzieniu za dziesionę, czyli kradzież z pobiciem*. To była naprawdę ostra dziewucha. Nie umiem powiedzieć, jak dokładnie poznała swojego przyszłego męża, ale wiem, że dokonało się to na ulicy. On pewnie też latał w nabojce. Kiedy poznałem Jurka, a było to na początku lat dziewięćdziesiątych, Baśka była już od lat jego żoną i mieli dwójkę dzieci.

A.G.: Szczęśliwe małżeństwo.

---

* Dziesiona – artykuł 210 *Kodeksu karnego* z 1969 roku, obowiązującego w latach 1970–1998 (przyp. A.G.).

J.S.: No, powiedzmy. Jakie środowisko, takie małżeństwo. Jak się pewnie domyślasz, Żaba nie należał do najwierniejszych mężów. Pewnie sam nie uważał, że to zdrada, a jedynie za część gangsterskiego rytuału, ale lubił sobie pobzykać panienki. Baśka miała tego świadomość i w odróżnieniu od wielu innych kobiet mafiosów potrafiła dać wyraz swojemu niezadowoleniu. Kiedy miała dość amorów Żaby – bo, oczywiście, dowiadywała się o nich – robiła rozeznanie wśród znajomych, ustalała, która ostatnio zabawiała się z Jurkiem, montowała ekipę i ruszała do boju.

A.G.: Jaką ekipę? Chłopców z „miasta"?

J.S.: Nie, wszystkie git-falbany, które wymieniłem (a było ich jeszcze więcej) solidarnie trzymały się razem. Kiedy mężowie urządzali męskie zakrapiane imprezy, one organizowały własne. Zapewniam, że gdybyś choć przez chwilę uczestniczył w którejś z nich, wyszedłbyś zniesmaczony. To nie były popołudniowe herbatki kulturalnych dam, tylko ostry ochlaj wulgarnych bazarówek. Zresztą w dużej mierze to były baby z bazarów – jedne miały swoje budy na bazarze Różyckiego, inne w „salonie odzieżowym" ówczesnej Warszawy, czyli w Rembertowie.

Często organizowały takie spotkania i lubiły napawać się świadomością, że tak bardzo podskoczyły w hierarchii społecznej. Wcześniej tankowały gorzałę w praskich piwnicach, a teraz rozsiadały się w skórzanych fotelach w salonach swoich rezydencji. Jak to kiedyś trafnie podsumował Jacek D. „Dreszcz": *Już zapomniały, że jak kiedyś chodziły w gości, to im sprężyny materaców w dupy wchodziły. Takie to były luksusy!*

Razem też wymierzały sprawiedliwość. Jak już wytropiły nieszczęsną dziewczynę, to dojeżdżały ją: biły, goliły na łyso głowę, czasami tatuowały jej jakieś znamię, a czasami smarowały twarz stolarską bejcą. Zapewniam, że bejca trzyma się na skórze tygodniami i nie da się jej zmyć nawet szczotką i mydłem. Ale to tylko egzotyka z gangsterskich manowców – o tym, jaką bezwzględną kobietą była Baśka, świadczy to, że przejęła grupę męża i potem kłócili się, kto ma nią rządzić.

A.G.: Zanim opowiesz więcej o samej grupie Jerzego W., powiedz, skąd brały się wybujałe ambicje pani Barbary. Czemu uważała, że jest w stanie pokierować sporą grupą przestępczą? Feminizm czy rzeczywiste rozeznanie w sytuacji?

J.S.: Wszystkie git-falbany uważały się za mądrzejsze od swoich mężów. Owszem, Baśka miała z nich najlepsze „papiery" na kierowanie grupą, bo jednak tych kilka lat odpękała za kratami i czegoś się w chliwie nauczyła. Ale przecież trudno porównywać to z wiedzą i doświadczeniem Żaby, którego kryminał uczynił prawdziwym mistrzem gangsterki!

A.G.: Co to znaczy, że więzienie pozwala podnieść bandyckie kwalifikacje?

J.S.: To proste – kiedy siedzisz długo pod celą, masz czas, żeby przeanalizować swoje błędy. A jako że herbatnikujesz się z takimi samymi jak ty, którzy także wpadli przez swoje błędy, spędzacie całe godziny na roztrząsaniu szczegółów przestępstw, które zaprowadziły was na ławę oskarżonych. Typujecie słabe punkty swojego planu, błędy w jego realizacji, zastanawiacie się, czy aby na pewno mieliście do dyspozycji odpowiednich ludzi. I tak, w wyniku wielotygodniowych dyskusji, zaczynają powstawać projekty przestępstw doskonałych. Poza tym pod celą poszerzasz krąg swoich kontaktów, poznajesz ludzi, na których będziesz mógł postawić w przyszłości. No bo skoro nie sypnęli cię pod celą, to tym bardziej możesz im zaufać na wolności. Nie dość, że herbatnik, to jeszcze herbatnik nieprzełamany – tak się mówi o sztywnych, czyli o charakternych gościach.

A.G.: No tak, ale Barbara W. uczyła się kierowania grupą przede wszystkim na wolności, w czasach, gdy Żaba był naprawdę ważny i robił gigantyczne interesy.

J.S.: Narodziny jego grupy miały miejsce na początku lat dziewięćdziesiątych. Wprawdzie Żaba wkrótce zasłynął jako główny macher od narkotyków, ale początkowo, tak jak większość z nas, zajmował się głównie napadami na tiry. Dragi nie były jeszcze wtedy popularne, bo żeby mieć z nich zyski, trzeba się było naprawdę nabiegać. A tir to prosty strzał – zatrzymujesz, zawijasz i masz z tego nawet kilkaset tysięcy papieru. Oczywiście, potem okazało się, że narkotyki to złoty interes, ale uświadomienie sobie tego zajęło pruszkowskim trochę czasu. Na dużą skalę zaczęło się to w połowie lat dziewięćdziesiątych, gdy Marek C. „Rympałek" kupił i zaczął rozrzucać większą partię towaru. Ja akurat wtedy byłem w więzieniu – gdy wyszedłem na wolność w tysiąc dziewięćset dziewięćdziesiątym piątym roku, grupa Rympałka już ostro działała na rynku narkotyków, a – nazwijmy to tak – podgrupa Żaby była za ten interes odpowiedzialna. Nie chcę przez to powiedzieć, że

Jerzy W. podlegał Rympałkowi. Był raczej kimś w rodzaju jego *consigliere* (podobnie jak ja), który zawiadywał u niego „sekcją narkotykową". O biznesach Pruszkowa porozmawiamy jednak bardziej szczegółowo przy innej okazji. Nawiasem mówiąc, kiedy wyszedłem z puchy, Żaba zabrał mnie na Mazury, zaprowadził do eleganckiej galerii handlowej i kupił mi kilka walizek ubrań. Był mi to winny, bo zanim poszedłem do więzienia, byłem z nim w grupie.

A.G.: Czyli ty także rosłeś razem z nim. Jaką funkcję pełniłeś u jego boku?

J.S.: W czasach, kiedy Żaba ściśle współpracował z Ryszardem S. „Kajtkiem" (mieli firmę Komaton, która tak naprawdę stanowiła biznesową przykrywkę Pruszkowa), byłem kimś, kto zapewniał spokój ich działaniom. Razem z Kiełbachą i Barabasem jeździliśmy do partnerów biznesowych, z którymi Żabie nie do końca było po drodze. Albo na odwrót, co i tak sprowadzało się do tego samego: jak trzeba było dojechać opornych (także ruskich), to dojeżdżaliśmy.

A.G.: Z Barabasem? Ireneuszem P.? Przecież jego nazwisko jest wymieniane w jednym szeregu z pruszkowskimi bossami. Ba – uważa się go za twórcę potęgi Pruszkowa i jej pierwszego szefa. I mam uwierzyć, że jeździł z tobą jako zwykły mięśniak zastraszający ludzi?

J.S.: A jak ty go sobie w ogóle wyobrażasz? Myślisz, że to był taki polski don Corleone w smokingu, z cygarem w ustach i z własną lożą w operze? Człowieku – choć o zmarłych nie powinno się mówić źle (Barabas zginął w wypadku samochodowym w latach dziewięćdziesiątych), to przecież nie będę robił z niego gangstera wielkiego formatu. Był takim samym troglodytą jak jego kumple ze starej recydywy – Parasol, Budzik czy Ali. Szczytem jego gangsterskich kompetencji było danie komuś po ryju i tym zajmował się do końca swoich dni. Przy okazji opowiem ci anegdotę z jego udziałem. Otóż mieliśmy znajomego Japończyka, który był właścicielem firmy Tip and Jeep. Mieściła się w warszawskim hotelu Metropol. Ojciec tego Japończyka też mieszkał w Warszawie, jego prawdziwą pasją było kolekcjonowanie znaczków pocztowych, a największą dumą – klaser z prawdziwymi bardzo cennymi skarbami filatelistycznymi. Jakieś drobne złodziejaszki dowiedziały się o kolekcji i dokonały włamania, podczas którego klaser zmienił właściciela. Szef Tip and Jeep poskarżył się nam i obiecaliśmy mu, że będziemy interweniować w tej sprawie. Zrobiliśmy rozpoznanie i okazało się, że klaser jest na melinie na Żoliborzu. Wysłaliśmy więc Barabasa i gangstera o pseudonimie Kwiatek, aby odzyskali własność starego Japończyka i wymierzyli – w granicach rozsądku – karę za kradzież. Po jakimś czasie wrócili, oczywiście z klaserem. Pytam Barabasa: *Nie było większych problemów?* A on na to: *A gdzie tam! Dziadek spękał od razu, dostał kilka razy w bańkę, zawołał wnuczka i chłopak oddał klaser. Bo to wnuczek go zawinął.* Zadowolony, że wszystko przebiegło bez przeszkód, zawiozłem zdobycz do Japończyka. Ten otworzył klaser i oniemiał. Ale nie ze szczęścia. Patrzy, a tu „rarytasy" Poczty Polskiej: jakieś łódki na jeziorze, wierzby mazowieckie, górnik z hutnikiem pod rękę. I pyta: *Co to jest? Pański klaser* – mówię. *Ale skąd. W moim znajdowały się naprawdę rzadkie okazy z całego świata. To jakiś inny klaser.*

Przeprosiłem i obiecałem, że naprawimy błąd. Okazało się, że rozpoznanie, które zrobiliśmy z Kiełbachą, było dobre, tyle że Barabas i Kwiatek popieprzyli adresy i weszli do innego mieszkania. A tam też był skradziony klaser, tylko inny. Tymczasem złodzieje, którzy przywłaszczyli skarb Japończyka, mieszkali na Żoliborzu tuż obok upodlonego dziadka.

Tym razem pojechaliśmy na miejsce mocną ekipą, w trzy samochody. Wywalamy drzwi (bo to nie był czas na kurtuazyjne rozwiązania), wchodzimy i... widok jak z jakiegoś włoskiego filmu o przedwojennej mafii. Pod oknem siedziała cała familia: z tyłu starszyzna, w drugim rzędzie młodsze pokolenie, a na przodzie dzieci. I wszyscy w skupieniu oglądali telewizję. Zupełnie jak na starej sepiowej fotografii. No, takich nurków to ja jeszcze w życiu nie widziałem! Skoczyła na nas jakaś kobieta w halce – tłuste łapska, obfity biust, dzikość w oczach. Też kobieta mafii, tyle że niższego szczebla. Żartuję. Barabas natychmiast ją schwycił za łeb i fruuu na podłogę. Ja wyłowiłem „wodzireja" tej grupy i też nieco go zmaltretowałem. Ale przyznał się, gdzie są klasery, i wkrótce je odzyskaliśmy.

A.G.: Wróćmy do kobiety mafii z wyższej półki, czyli do pani Żabowej. Bardzo mnie interesuje, jak z prostej dziewczyny przedzierzgnęła się w szefową ważnej struktury przestępczej.

J.S.: Powiem ci tak: Żaba po prostu bał się swojej żony. Pamiętam imprezę z okazji jego pięćdziesiątych urodzin – ona tak go wówczas musztrowała, że nie byliśmy pewni, kto jest prawdziwą gwiazdą wieczoru. Skoro nie potrafiła się powstrzymać od połajanek i drobnych upokorzeń w tak uroczystym dniu, to wyobraź sobie, jak musiało być na co dzień. A on jej na to pozwalał. Owszem, jak się napił, to mu skakał poziom agresji i wtedy potrafił jej pokazać, kto rządzi. Przy czym jak on ją uderzył, to ona mu natychmiast oddawała. Toczyli ze sobą regularne boje, niczym pięściarze na ringu, tylko bez podziału na rundy. Pewnego razu, w czasie jednego z takich sparingów, Żaba chlasnął żonę w głowę i wydawało się, że na tym koniec. Odwrócił się od Baśki i zamierzał wrócić do jakichś tam swoich spraw, ale wtedy ona podbiegła do kuchenki, zdjęła z niej rozgrzaną patelnię i tak go nią potraktowała, że mu na łbie dosłownie wyrósł hełm. No, ale w taki sposób kobieta budowała szacunek do siebie. Pamiętaj – rzecz się działa w środowisku patologicznym, nie arystokratycznym, a każde środowisko ma swój specyficzny etos.

A.G.: Aż dziw bierze, że pani Barbara w ogóle pozwalała swojemu mężowi na jakikolwiek kontakt z alkoholem, skoro wiedziała, że po wódce robi się z niego o wiele ostrzejszy zawodnik.

J.S.: Trudno byłoby jej zabronić mu picia, bo Żaba – jak każdy z nas – lubił ten sport. Co jakiś czas zdarzały mu się nawet kilkudniowe cugi, podczas których nie trzeźwiał i przebywał w zupełnie innym wymiarze. W ten sposób potrafił się całkowicie sponiewierać i doprowadzić, jak to się mówi, do skrajnej rozpaczy. A wiadomo, że w takim stanie nie można odstawić wódki z minuty na minutę, trzeba ją odpowiednio dawkować. Ale Baśka była temu przeciwna i nie pozwalała nawet na symboliczne ilości. Od czego jednak są kumple? Ustalił z nimi miejsca, gdzie będą mu chować alkohol, by mógł się w spokoju delektować ognistym trunkiem. Gdyby Baśka wiedziała, jakie tajemnice skrywały podsufitki i skrytki w dachu ich domu!

A.G.: To przecież patent Jana Himilsbacha, wziętego kamieniarza i cenionego pisarza. On też miał spory pociąg do wódki i żonę o imieniu Barbara, którą zresztą nazywał pieszczotliwie Bachulcem. Kiedy wpadał w ciąg, małżonka zamykała go w mieszkaniu, ale wtedy pojawiali się koledzy, którzy dostarczali nieszczęśnikowi alkohol rurką przewleczoną przez dziurkę od klucza.

J.S.: Z tego patentu, jak sądzę, korzystały wówczas całe rzesze rodaków. Ale Baśka Żaby była wyjątkowo paskudną babą – ja bym z taką nie wytrzymał nawet pięciu minut. To, że zabraniała mu picia, nie było podyktowane troską o zdrowie małżonka, ale nieustającą potrzebą rządzenia na zasadzie: „nie, bo nie". Jej panoszenie się wkurwiało wszystkich, nawet opanowanego Rympałka, który blisko współpracował z Żabą.

A.G.: Nie powiesz chyba, że pouczała Marka C. w zakresie gangsterki?

J.S.: Jak to nie? Przecież była od niego mądrzejsza! Oczywiście, we własnym mniemaniu. Po napadzie stulecia...

A.G.: Chodzi o ten słynny napad na konwój z pieniędzmi dla pracowników ZOZ, przeprowadzony na warszawskim Ursynowie dwudziestego ósmego listopada tysiąc dziewięćset dziewięćdziesiątego piątego roku?

J.S.: Tak, przy czym o szczegółach tej akcji, w której wyniku w nasze ręce wpadło milion dwieście tysięcy złotych, pewnie będziemy mieli jeszcze okazję rozmawiać. Teraz tylko ograniczę się do wspomnienia o reakcji Baśki W. Otóż niemal od razu po akcji zrobiliśmy naradę: co zrobić z taką sumą? Jak ją rozmnożyć? Bo, bądźmy szczerzy, choć media do dziś zachłystują się wielkością naszego łupu, wcale nie był on taki gigantyczny. Był natomiast dobrą podstawą jakiejś sensownej inwestycji. Postanowiliśmy kupić za to kokainę. Za jakiś czas przyjechał Ryszard S., czyli Kajtek, i przywiózł trochę koki, którą nam zaoferowano. Domowym sposobem sprawdziliśmy jej jakość – rozpuściliśmy proszek w łyżeczce wody i podgrzaliśmy nad kuchenką gazową. Tak się określa stopień czystości narkotyku. A tu nagle, przepraszam za wyraz, wpierdala się Żabowa i mówi, że jej się to nie podoba, ona by to zainwestowała zupełnie inaczej. Tak nas wkurzyła, że... Ech, nigdy nie umiała się powstrzymać od wtykania nosa w nie swoje sprawy.

*

Autorytarne skłonności pani Barbary przeszły do legendy. W tym miejscu można przytoczyć pewną anegdotę, która – choć trudno w to uwierzyć – wydarzyła się naprawdę. Tyle że w roli głównej nie wystąpiła żona Żaby, ale on sam. A raczej... jego paniczny strach przed małżonką.

Historię tę opowiedział nam pan X, którego znamy z rozdziału poświęconego Monice Z. Działo się to latem 1998 roku, a więc w szczytowym okresie potęgi Pruszkowa. Oto relacja X: *Jurek* od czasu do czasu lubił się urwać swojej żonie i trochę pobalować. Tym razem zabawiał się w towarzystwie Jarosława M., któremu media nadały ksywkę Chińczyk, a pruszkowscy mówili o nim Jąkała, oraz Jakuba W., którego „miasto" nazywało gwałcicielem, bo bardzo lubił zmuszać panie do odbywania z nim stosunków płciowych. I prostytutki, i kobiety, które nie parały się płatną miłością.

Zdarzało mu się na dyskotece podejść do barku, przy którym sączyła drinka jakaś atrakcyjna dziewczyna, i zapytać: „Pijesz? No to kończ, bo wychodzimy". I brał dziewczynę za głowę, prowadził ją w ustronne miejsce, gdzie bez pardonu zaspokajał swoje potrzeby. W ciągu jednego wieczoru potrafił zgwałcić nawet cztery dziewczyny. W końcu trafiła kosa na kamień – pewnego razu nieopatrznie zaatakował ślicznotkę, która okazała się córką kolegi Zygmunta R. „Bola". I wtedy Jakub W. miał prawdziwy problem. Wkrótce wyleciał w powietrze jego samochód, a on sam musiał uciekać przed gangsterską sprawiedliwością. Stało się to jednak dopiero jakiś czas po zdarzeniu, o którym chcę opowiedzieć.

Na razie Żaba, Chińczyk-Jąkała i Kuba W. krążą po stołecznych lokalach, z każdą godziną tracąc kontakt z otaczającym ich światem. Ten gigant trwał już kilka dni i był naprawdę rujnujący dla organizmów całej trójki. Bo wspomagali się nie tylko alkoholem, ale także kokainą, której Żaba był przecież królem. W pewnym momencie ktoś rzucił pomysł: lecimy do Tajlandii.

Od słowa do słowa ekipa stawiła się na Okęciu i wkrótce była już w powietrzu. Niestety, stewardesy nie podają podróżnym kokainy, i panowie powoli zaczęli odzyskiwać świadomość tego, co się dzieje. Żaba spojrzał rozkojarzonym wzrokiem przez okno i spytał: „Gdzie my jesteśmy?". Padła odpowiedź: „Lecimy do Bangkoku".

Żaba ukrył twarz w dłoniach i zaczął zawodzić: „O kurwa! Do Bangkoku? I Basia o tym wie? Nie wie? To przecież ona mnie zabije. Musimy natychmiast wracać!".

Nie da się jednak zawrócić lecącego samolotu, tym bardziej gdy znajduje się on daleko od Polski. Zdesperowany Żaba nie zamierzał się poddawać – doskonale wiedział, co go czeka w domu, jeśli nie zawróci maszyny. Najpierw więc pobiegł do stewardesy i nakazał jej, aby niezwłocznie udała się do kapitana i przekazała mu jego żądanie. Dodał, że pieniądze nie grają tu żadnej roli i on jest gotów ponieść koszty takiej operacji. Oczywiście nikt nie wziął na poważnie jego słów, więc zaczął grozić. Sytuacja stała się na tyle dramatyczna, że kapitan podjął decyzję o śródlądowaniu. Na lotnisku na całą trójkę czekał oddział antyterrorystów.

Jakimś cudem Żabie udało się jednak wyłgać i nie odpowiadał za próbę uprowadzenia samolotu.

Panowie nie tylko nie mieli kłopotów z prawem, ale nawet kontynuowali lot – skoro już się wybrali w tak daleką drogę, to uznali, że grzechem byłoby nie zobaczyć stolicy Tajlandii. Tam zresztą Żaba przeżył kolejną bulwersującą przygodę.

Otóż Jarosław M. – facet skłonny do żartów – zaprowadził swoich towarzyszy do klubu nocnego, zapewniając, że jest to normalny lokal, w którym wielbiciele kobiecych wdzięków będą mieli ręce pełne roboty. Pozostali dwaj chętnie przystali na tę propozycję. Weszli do środka, zamówili drinki. Chińczyk, który wiedział, że za chwilę zacznie się afera, usunął się w cień. I rzeczywiście – ponętna Tajka usiadła Żabie na kolanach, a ten po chwili zorientował się, że coś jest z nią nie tak w sensie anatomicznym. I zrozumiał, że ma na kolanach geja – bo to był klub dla amatorów miłości w ramach jednej płci. Żaba, wychowany w tradycyjnym duchu, zareagował tak, jak mu natura podpowiadała – zdzielił towarzyszkę (towarzysza?) wieczoru w oko i wtedy rozpętało się piekło. Bo na pomoc poszkodowanemu przybiegli jego kompani (oczywiście w kobiecych przebraniach) i zaczęli tłuc kuflami pruszkowskich gangsterów. Za chwilę przyjechała policja i znów Żaba, Jakub W. i Chińczyk mieli kłopoty z prawem. Na szczęście dla nich skończyło się na niewielkiej grzywnie.

Po dwóch tygodniach Żaba wrócił pokornie na łono rodziny i całą winę za swą nieobecność zrzucił na… kompanów.

*

A.G.: A czy zdarzało się, że pani Barbara wywierała bezpośredni wpływ na „żołnierzy" męża, w ogóle go o tym nie informując?

J.S.: Oczywiście, bardzo często. Gdy Żaby akurat nie było na miejscu, wydawała dyspozycje, jakby była szefem grupy. Kazała jeździć w określone miejsca i załatwiać sprawy, które nierzadko wiązały się z pewnym ryzykiem. Pamiętaj – ona doskonale znała strukturę, panujące w niej zasady i – posłużę się terminologią kryminalistyczną – *modus operandi*. A jej potrzeba popisywania się władzą wzrosła jeszcze po roku dwutysięcznym, gdy zyski z narkotyków stały się naprawdę potężne.

A.G.: Ale w tym właśnie roku Jerzy W. wpadł, więc Barbara W. niejako naturalnie przejęła schedę po mężu.

J.S.: W tamtym czasie zniknąłem ze sceny gangsterskiej i stałem się świadkiem koronnym (zaprzysiężono mnie w sierpniu dwutysięcznego roku w Legionowie). Zaczęły się zatrzymania najważniejszych członków grupy pruszkowskiej. Ale nie wszystkich udało się złowić od razu, bo wielu gangsterów dostało cynk...

A.G.: Od kogo?

J.S.: Domyśl się. Przecież tylko policja i prokuratura wiedziały o zbliżających się aresztowaniach. Oczywiście, nie udało się wówczas dojść do tego, gdzie był przeciek. Jednym z tych, którzy zostali ostrzeżeni, był właśnie Żaba. Uciekł do Bułgarii i tam urządził sobie centrum operacyjne swojego biznesu, stamtąd współorganizował szlak heroinowy. W Polsce natomiast została jego żona, która praktycznie stała się szefem grupy. On wysyłał towar, a ona go spieniężała. Rządziła nawet wtedy, gdy Żaba wpadł. Przez jakiś czas pomagał jej w tym Chińczyk-Jąkała, czyli Jarosław M., człowiek ściśle współpracujący z Żabą przy imporcie prochów do kraju. M. zresztą został aresztowany wkrótce po Żabie.

Ale kiedy w końcu za kratki trafiła cała trójka – Żaba, jego żona i Jarosław M. – zaczął się swoisty wyścig szczurów, gdyż tylko jedno z nich mogło liczyć na status małego świadka koronnego, czyli na tak zwaną „sześćdziesiątkę" (artykuł 60 *Kodeksu karnego* przewiduje nadzwyczajne złagodzenie kary dla podejrzanych współpracujących z organami ścigania). W wyścigu tym zwycięzcą został Jarosław M., którego zeznania pogrążyły małżeństwo W. Pani Barbara obecnie (wrzesień 2013 roku) siedzi w więzieniu, a Żaba zmarł mniej więcej miesiąc po wyjściu na wolność. Wypuszczono go przed terminem ze względu na zły stan zdrowia. Było jasne, że wkrótce odejdzie z tego świata i władze nie chciały mieć na głowie jego pochówku. Tak skończyła się kariera przestępcza najostrzejszej z git-falban.

*

J.S.: Skoro jesteśmy przy kobietach najważniejszych pruszkowskich gangsterów, nie sposób nie wspomnieć o żonie Ryszarda P. „Krzysia". Do gangsterskiej historii przeszła jako Gośka Siuńkowa.

A.G.: To jej nazwisko, prawda?

J.S.: Nie, to ksywka jej pierwszego męża, na którego wszyscy mówili Siuniek. Poznał ją dużo wcześniej na dyskotece i się zakochał. Oczywiście nie tylko w jej głębokim, romantycznym spojrzeniu, ale przede wszystkim w jej ofercie łóżkowej. „Na mieście" wszyscy wiedzieli, jaki z niej aparat. Większość znanych mi chłopaków – mam na myśli tych z pokolenia Parasola czy Krzysia – często miała sposobność z panią Małgorzatą. Niczym Samarytanka nie odmawiała nikomu. Nawet wtedy, kiedy wyszła za Siuńka. On był dosyć obrotnym chłopakiem, nieźle mu szło w interesach, miał między innymi warsztat hydrauliczny. Szkopuł w tym, że straszny był z niego cykor.

A.G.: A miał się czego bać?

J.S.: Problem w tym, że tak. Bo na jego nieszczęście w Gosi zakochał się Ryszard P. No i postanowił zabrać mu prawowitą małżonkę. Pojechał więc do Siuńka, nawarczał na niego i przedstawił mu swoje żądanie: ma mu natychmiast oddać żonę. Siuniek wiedział, że jeśli podskoczy, to pruszkowscy tak go dojadą, że nic z niego nie zostanie. Nie oponował więc, położył uszy po sobie i oddał Gosię Krzysiowi. A ta z radością przyjęła oświadczyny Ryszarda P. (ale nie wyobrażaj sobie sceny jak z *Romea i Julii*), bo miała świadomość, że tym samym wskakuje na znacznie wyższy poziom towarzyski. Huczne wesele odbyło się w mojej restauracji La Cucaracha.

A.G.: Miała dzieci z Siuńkiem?

J.S.: Miała, i po jakimś czasie przyzwoitego chłopaka wychowała na dealera narkotykowego. Podejrzewam, że taką drogę wybrał dla niego ojczym. Ją natomiast usadowił w biznesie alkoholowym – otworzył jej sklep monopolowy na Żbikowie. To była idealna lokalizacja, miejscowych pijaczków ciągnęło tam jak muchy do miodu. Nie było też konkurencji, bo nikt nie ośmielił się wchodzić w drogę Ryszardowi P. Po jego śmierci Gosia przejęła imperium męża – kamienicę przy Obrońców Pokoju w Pruszkowie i jego sklepy na Wojska Polskiego. Ale, prawdę mówiąc, zarządzała nimi już wcześniej – Krzyś przesiedział kilka lat w więzieniu, a wyszedł ze względu na zły stan zdrowia. Ale nie nacieszył się wolnością... Zmarł w dwa tysiące czwartym roku, na jego pogrzebie był między innymi aktor Daniel Olbrychski.

A.G.: Czy pani Małgorzata długo opłakiwała męża?

J.S.: Szybko związała się ze swoim kochankiem z dawnych lat, niejakim Belusem, który akurat wrócił po kilkunastu latach z Kanady i szukał pomysłu na życie. Gosia stała się jego nową wybranką, a Parasol partnerem biznesowym: otworzyli pub New York, który jednak – o ile wiem – kokosów nie przynosi.

ROZDZIAŁ 12

Giganciara, która straszyła ludzi

Była jeszcze jedna kobieta mafii, która mogłaby konkurować z Barbarą W. Mogłaby, ale musiałaby mieć męża wysoko postawionego w gangsterskiej strukturze, żeby myśleć o przejęciu jego imperium. Janina zaś, z domu B. – bo o niej mowa – nie miała aspiracji do kierowania grupą, zależało jej natomiast na tym, aby wszyscy ją szanowali, a nawet się jej bali. Zresztą miała w ręku niezły argument w postaci brata – Czesława B. „Dzikusa", znanego pruszkowskiego gangstera, podobnie jak Parasol czy Budzik wywodzącego się ze starej recydywy. Skąd pseudonim Dzikus albo Dziki? Nieżyjący już dziś przestępca słynął z wyjątkowej brutalności i skłonności do wpadania w furię.

Pani Janina, znana bardziej jako Janka Dzikusowa, też nie należała do osób uległych i ugodowych.

J.S.: To była giganciara... Wyjątkowo złe babsko, które latało po mieście i straszyło ludzi. Normalnie waliła kminą jak stary recydywista. O ile się nie mylę, grypserę opanowała w puszce (a gdzież by indziej?). Swoich dwóch synów wychowała na gangsterów, bo i jej, i im to po prostu imponowało. Bycie gangsterem w jej środowisku stanowiło najwyższą formę rozwoju społecznego: można było zostać albo lumpem, albo wzbudzającym strach gościem z „miasta". Jeden z jej synów dostąpił nawet tego zaszczytu, że został kierowcą samego Parasola. To on był obecny przy egzekucji gangstera Cezarego D., czyli młodego Dreszcza. Drugi syn Janiny, o ksywce Piekarz, nie zrobił takiej kariery i trafił do chliwka za wymuszenia rozbójnicze. Wiadomo, że nie za podrabianie dzieł sztuki.

A.G.: Zaraz wrócimy do Cezarego D. Czy dokonania synów podnosiły prestiż pani Janki?

J.S.: Do pewnego stopnia tak, ale ona głównie latała na sławie brata, czyli Dzikusa. A wszyscy wiedzieli, że to niebezpieczny typ. Zresztą ona dbała o niego lepiej niż jego własna żona. Gdy Czesiek miał jakiś problem i nie potrafił sobie z nim poradzić, ona natychmiast wkraczała do gry i doklepywała sprawę.

Janka czuła się na przykład na tyle mocna, że potrafiła sterroryzować prezesa spółdzielni mieszkaniowej, by oddał jej za jakieś grosze teren pod parking. I ten, bez szemrania, zgodził się na „zaproponowane" mu warunki. Ten parking – w podpruszkowskiej Nowej Wsi – dawał jej całkiem przyzwoite pieniądze.

A.G.: Może po prostu, tak jak w serialu *Alternatywy 4*, przyniosła prezesowi butelkę węgierskiego winiaku Budafok?

J.S.: Ona nie dawała prezentów. Przychodziła jak po swoje i nie znosiła sprzeciwu. Zasłynęła tym, że skorumpowała lekarkę ze szpitala psychiatrycznego w Tworkach, niejaką M. Dziś to się może wydawać śmieszne, ale wtedy każdy chciał mieć pod ręką psychiatrę, który wydałby mu żółte papiery, czyli orzeczenie o chorobie psychicznej. Wielu pruszkowskich gangsterów latało na takich papierach, wierząc, że dzięki nim są bezkarni. Na przykład Parasol był pewien, że papiery od M. uchronią go przed puszką, ale zarzuty wobec niego były tak poważne, że sąd nie wziął pod uwagę tych dokumentów. Nieszczęsna lekarka sama musiała tłumaczyć się przed sądem ze swojej działalności. Wracając do Janki – to była baba o posturze mocnego chłopa i raczej męskich manierach. Kiedy ktoś jej zalazł za skórę, potrafiła mu rzucić wiązankę w stylu: *Wypierdalaj, frajerze, bo jak ci mordę obiję, to cię rodzona matka nie pozna.*

A.G.: Na słowach się kończyło?

J.S.: Nie zawsze. Czasami naprawdę potrafiła jebnąć, i to zdrowo.

Na marginesie (4)

A.G.: Wróćmy na chwilę do egzekucji młodego Dreszcza, o której wspomniałeś. To, co wydarzyło się w tej rodzinie, przypomina, z zachowaniem wszelkich proporcji, szekspirowską tragedię. Najpierw ginie stary Dreszcz, Jacek, pruszkowski gangster z wysokiej półki, i to z ręki własnego syna, Cezarego. A potem śmierć ponosi Cezary. Czy oznacza to, że między ojcem a synem nastąpił jakiś konflikt interesów? Grali dla innych drużyn, poszło o pieniądze?

J.S.: Tak twierdzi wielu tak zwanych ekspertów, ale prawda jest zupełnie inna. To był konflikt najzupełniej prywatny i miał podłoże emocjonalne. Fakt, obaj panowie związali się z różnymi podgrupami, Czarek zaczął latać z Wieśkiem Niewiadomskim, czyli Wariatem, ale w śmierci Jacka D. nie chodziło o barwy klubowe. Mówiąc najkrócej – ojciec nie szanował syna. Poniżał go przy każdej nadarzającej się okazji, osłabiał go w „mieście", wyzywając publicznie od cweli i pederastów. Odbierał mu honor. Jacek miał za złe synowi, że chla wódę, stacza się, trwoni rodzinny majątek, ale strofował go w taki sposób, że Czarek jeszcze częściej zaglądał do kieliszka. Kiedy stary spotykał syna w towarzystwie kilku urków, od razu puszczał mu przy nich upokarzającą wiąchę: *Spierdalaj stąd, w dupę kopany palancie, hołoto pieprzona*. A syn nie podnosił ręki na ojca, bo był po prostu za cienki. No i może na swój sposób tego ojca szanował.

W końcu jednak nie wytrzymał i zastrzelił go. To był tysiąc dziewięćset dziewięćdziesiąty szósty rok.

A.G.: Sam też poniósł śmierć. Czy była to zemsta grupy za śmierć starego Dreszcza?

J.S.: Niezupełnie. Po śmierci ojca Czarek zaczął wyciągać rękę po jego pieniądze. A dysponował nimi Kiełbacha, więc konflikt o kasę zaczął się niemal nad grobem Jacka. Oczywiście, nie twierdzę, że Wojtek K. miał coś wspólnego ze śmiercią Czarka. Chodzi mi raczej o to, że młody Dreszcz stał się bezczelny. Grał faceta, który niczego i nikogo się nie boi. No i związał się ze śmiertelnym wrogiem Pruszkowa, czyli Wariatem. Dlatego podjęto decyzję o jego odpaleniu – pewnego pięknego dnia pod domem Cezarego na Żoliborzu pojawił się Słowik w towarzystwie syna naszej bohaterki, czyli Janki, i padło kilka strzałów. Świadkiem zabójstwa była żona młodego Dreszcza, Ala. Widziała całe zdarzenie przez okno. Nie podzieliła się jednak swoją wiedzą z policją, bo po prostu panicznie się bała pruszkowskich. Ot, i cała historia.

ROZDZIAŁ 13

Matka opłakuje syna

Kobiety mafii to nie tylko żony, kochanki i przygodne cichodajki. To także – a czasami przede wszystkim – matki gangsterów. Kobiety, które wychowały ludzi skłóconych z prawem, a nierzadko – zwykłe potwory. Czy takiej przyszłości pragnęły dla swoich synów, czy wręcz przeciwnie – robiły wszystko, aby ich od niej uchronić? Na te pytania nie ma jednej dobrej odpowiedzi. Na pewno życzyły swoim synom jak najlepiej, ale w wielu przypadkach to „jak najlepiej" kojarzyły z dobrobytem grupy przestępczej. Być może wychodziły z założenia, że mafia jest taką samą firmą jak każda inna, a skoro pracuje dla niej już kolejne pokolenie, to nie ma co szukać szczęścia na innych polach?

Niech syn zostanie gangsterem – jeśli nie zginie z rąk konkurencji i nie wpadnie w łapy policji, wszystko będzie w porządku. Ludzkość dzieli się na dobrych i na złych, więc ktoś musi należeć także do tej drugiej kategorii.

A czasami matki nie miały żadnego pomysłu na przyszłość potomków i specjalnie się tym nie przejmowały. Wychodziły z założenia, że jakoś to przecież będzie.

W mediach matka mafiosa ma wiele twarzy – we Włoszech jej symbolem jest choćby Anna Mazza, która po śmierci męża przejęła jedną z rodzin camorry i kierowała nią twardą ręką. Nie załamała się nawet wtedy, gdy w gangsterskich porachunkach zginął jej syn Angelo.

W Polsce pojęcie „matka mafiosa" kojarzy się chyba najbardziej ze zdjęciem zrozpaczonej Jolanty N., idącej w kondukcie żałobnym za trumną swojego syna Pawła N. „Mrówy".

Pani Jolanta, żona Henryka N. „Dziada", zapłaciła bardzo wysoką cenę za to, że przyszło jej żyć w mafijnym świecie: zabity syn, zabity szwagier (był mężem siostry i jednocześnie bratem Henryka), mąż, który zmarł w więzieniu...

Kim były matki gangsterów?

J.S.: Zdecydowana większość grupy pruszkowskiej wywodziła się z biedy. Biedy i patologii, co zresztą, bądźmy szczerzy, przeważnie idzie w parze. Matki gangsterów nie były zatem damami z dobrych domów, które dbały o wychowanie i edukację swoich dzieci, ale najczęściej żbikowskimi czy praskimi meliniarami, ewentualnie bazarowymi przekupami, które przyszłość swoich dzieci miały w głębokim poważaniu. A może raczej z góry wiedziały, co z nich wyrośnie, i im w tym nie przeszkadzały. Takie matki stanowiły absolutną większość w grupie pruszkowskiej.

Od tej reguły były wyjątki – w jakimś sensie mój przypadek należy do tej właśnie kategorii – ale trzeba też pamiętać, że patologia patologii nierówna. Patologiczne są przecież nie tylko rodziny, gdzie się chla wódę na umór i nieustannie rzuca kurwami, ale także pozornie przyzwoite domy, w których jednak nie ma miłości, szacunku dla drugiego człowieka i w których nikt się nie interesuje jego losem.

Tak właśnie było ze mną.

Moja matka Danuta wychowywała mnie samotnie, bo ojciec porzucił nas, kiedy byłem małym dzieciakiem.

W sumie mało o nim wiem – zapowiadał się na niezłego boksera, jego kolegami byli tacy mistrzowie ringu jak Jerzy Kulej, Józef Grudzień czy Jan Gałązka. Wielkie pokolenie pięściarzy. W Pruszkowie wszyscy znali mojego ojca, bo dobrze się napierdalał i często można go było zobaczyć w czasie walk ulicznych, szczególnie kiedy się napił. A pił dużo…

Potem – już jako inżynier – pracował w Ursusie przy produkcji traktorów.

Jeśli chodzi o matkę, nie do końca jestem pewien, czy stwierdzenie, że to ona mnie wychowywała, jest w ogóle na miejscu. O wiele więcej troski o mnie wykazywały moja babcia czy ciotka, jej siostra. Byłem ich oczkiem w głowie, dzięki nim zacząłem chodzić do kościoła, nauczyłem się gotować, nabrałem czegoś, co szumnie nazywamy ogładą.

Z matką mieszkaliśmy w tak zwanej dzielnicy cudów, czyli na ulicy Komorowskiej, w malutkim, dwudziestopięciometrowym mieszkaniu.

A.G.: Potoczna nazwa dzielnicy wzięła się pewnie stąd, że tylko cudem można było tam nie oberwać po gębie?

J.S.: Tak czy inaczej, to była naprawdę zła okolica i nie należało się tam zapuszczać po zmroku bez potrzeby. Nic nie poradzę, że to właśnie tam przyszło mi dorastać. Żyliśmy ubogo, jak zresztą wiele rodzin w tamtych czasach, ale matka robiła wszystko, aby zła sytuacja materialna jeszcze bardziej mnie uwierała. O siebie starała się dbać, chętnie latała po kawiarniach, można ją było spotkać choćby w Sokole czy w Uroczej. Kawka, wino, bita śmietana – ona to bardzo lubiła i nie odmawiała sobie. To, co zarobiła w Porcelicie przy malowaniu porcelany, wydawała głównie na siebie.

Ja najwyraźniej stanowiłem dla niej coś w rodzaju balastu. Pamiętam, jak kiedyś na mikołajki miałem przynieść do szkoły prezent dla innego dziecka. Liczyłem, że matka kupi coś odpowiedniego i nie będzie kompromitacji. A ona zgarnęła z półki pierwszą lepszą książkę, która wyglądała, jakby przeleżała rok w skupie makulatury, i zapakowała ją w szary papier. Nie była w stanie wygospodarować kilkunastu złotych na coś porządnego.

I ja musiałem taki „prezent" zanieść do szkoły, co zakończyło się, oczywiście, drwinami.

Kiedyś dostałem od niej dżinsy... Nie, nie na zawsze – pozwoliła mi po prostu włożyć swoje spodnie na zakończenie roku szkolnego. Jezu, jaki ja wtedy byłem dumny i szczęśliwy... Wyglądałem w końcu jak moi rówieśnicy!

A.G.: Matka nigdy nie próbowała ułożyć sobie życia z innymi mężczyznami?

J.S.: Ależ próbowała – bardzo ją kręciło męskie towarzystwo i nigdy go jej nie brakowało. W sumie miała trzech mężów, ale „przechodnich" kochanków, którzy pomieszkiwali u nas przez jakiś czas, naliczyłbym kilkunastu. I ja, chcąc nie chcąc, nasiąkałem taką atmosferą zepsucia. Jako ośmiolatek musiałem oglądać swoją matkę – znaną na mieście jako Ruda Danka – w „pornosach na żywo" z rozmaitymi facetami. Szczególnie zapamiętałem jednego z nich i dopiero po latach dowiedziałem się, że był to Ryszard P. „Krzyś", jeden z najważniejszych pruszkowskich gangsterów. Generalnie przychodziło do nas wielu recydywistów, ale jako że mieli kapustę, moja matka chętnie z nimi trzymała. Wiesz, kiedyś wydawało mi się, że ci faceci patrzą na mnie z szacunkiem, a potem zrozumiałem, że w jakimś sensie było im mnie szkoda. Nie przeszkadzało im to jednak robić przy mnie „tych rzeczy" z moją starą.

A.G.: Długo wytrzymałeś w takich warunkach?

J.S.: Odkąd skończyłem czternaście lat, coraz rzadziej pojawiałem się w domu – jakoś sobie radziłem, zawsze gdzieś przekimałem. Kiedy miałem szesnaście lat, po prostu wyszedłem z domu i już do niego nie wróciłem. Nawet nie jestem pewien, czy matka to w ogóle zauważyła. Zamieszkałem ze swoją dziewczyną (miała wówczas czternaście lat), późniejszą żoną – Elą. Oczywiście w domu jej rodziców, którzy początkowo krzywo patrzyli na ten eksperyment, ale z czasem uznali mnie za pełnoprawnego domownika. Jej matka była wspaniałą kobietą. Dała mi ciepło, jakiego nie dostałem od własnej rodzicielki. I to by było tyle, jeśli chodzi o moją matkę – żyje do dziś, nawet chyba jeszcze pracuje, ale nie utrzymujemy ze sobą kontaktów.

A.G.: Twój przyjaciel z czasów młodości, Wojciech K. „Kiełbacha", dorastał w trochę innym domu. A jednak też skończył jako przestępca.

J.S.: Jego matka lubiła powtarzać, także w mediach, że dała mu wszystko, czego potrzebował, ale niestety miała z nim wielkie kłopoty wychowawcze. Czyli że sam był sobie winien. Zapewniam cię: choć Kiełbacha dorastał w inteligenckim domu – jego matka była lekarką – tam też pojawiały się elementy patologii. Tylko zawoalowanej, nie takiej jak w rodzinach lumpów i meliniarzy. W tamtym domu panowała nieustanna awantura – wszyscy ze wszystkimi darli koty. Poza tym matka Kiełbachy była zajęta robieniem kariery i naprawdę mało się interesowała synem. To była zresztą bardzo oschła kobieta i nie chciała albo nie umiała okazać Wojtkowi uczuć. Nawet po jego śmierci nie pozwoliła sobie na żadne emocje, choć podejrzewam, że w głębi serca musiała cierpieć. Ważniejsze było dla niej, aby wypowiedzieć się poprawnie i kulturalnie, niż wykrzyczeć przed kamerami swój ból.

Ojciec Wojtka był z kolei degeneratem i samolubem, zapatrzonym w siebie, lekceważącym innych. Raz nawet zaczailiśmy się na niego z Kiełbachą, bo mój przyjaciel chciał spuścić ojcu wpierdol za kolejną awanturę z matką. Na szczęście obyło się bez mordobicia.

A.G.: Czy Kiełbacha nie brał pod uwagę opuszczenia domu na dobre, tak jak ty to zrobiłeś?

J.S.: W jakimś sensie nawet mu się to udało. Otóż jako jedyny z naszej paczki trafił do... poprawczaka, a potem do szkoły z internatem. Za kradzież. Starsi złodzieje brali go na robotę, bo był lekki, i wrzucali go przez okno do mieszkania. On otwierał od wewnątrz drzwi, a jego kumple robili spustoszenie. W tamtych czasach było doskonale wiadomo, gdzie domownicy trzymają pieniądze: w pościeli. Instytucja banku nie cieszyła się wówczas popularnością. No więc szli jak po swoje do szafy, obrabiali ją i znikali. Ale raz Kiełbasie powinęła się noga.

Kiedy w wieku dwudziestu lat wrócił do Pruszkowa, był już facetem po przejściach, człowiekiem po przestępczej inicjacji, który mówił kminą. My patrzyliśmy na niego z szacunkiem, bo swoje odpękał i już wiedział, co to jest prawdziwe życie. Gdyby dorastał w innych warunkach, mógłby być kimś zupełnie innym.

Jego matka powinna się zastanowić, czy przypadkiem nie przyłożyła do tego ręki...

Zamiast zakończenia

Czytając historie amerykańskich czy włoskich rodzin mafijnych, można odnieść wrażenie, że Polki nie za bardzo potrafiły wykorzystać swoje pięć minut, które dawało im pozostawanie w bliskich relacjach z gangsterami i bossami grup przestępczych. Owszem, większość z nich chwytała chwilę, czasami może aż nazbyt łapczywie, ale nie próbowały odnieść sukcesu na innych polach dzięki magii (choć może to niewłaściwe słowo) nazwiska.

Tymczasem w innych krajach żony i córki słynnych gangsterów umiały przekuć złą sławę w złoto. Victoria Gotti, córka Johna Gottiego, szefa rodziny Gambino, czyli jednej z najgroźniejszych nowojorskich struktur przestępczych, stwierdziła kiedyś, że jej nazwisko ma mniej więcej tę samą wagę co Kennedy. Podobnie otwiera wszystkie drzwi i gwarantuje sukces zawodowy oraz towarzyski (ze wskazaniem na ten drugi). Victoria, skądinąd atrakcyjna blondynka przypominająca partnerki rosyjskich gangsterów, chętnie występowała w mediach jako znawczyni problematyki mafijnej, pisywała felietony do tabloidów, a później zaczęła pisać książki – najpierw wspomnieniowe, a potem beletrystyczne. Nawet nie zauważyła, kiedy stała się rozchwytywaną przez media celebrytką. W końcu zaproponowano jej prowadzenie telewizyjnego reality show w A&E Network TV. Widowisko było oczywiście poświęcone mafii. Takich przykładów jest więcej.

Tymczasem żony i córki pruszkowskich czy wołomińskich bossów raczej nie zabiegają o popularność. Może zresztą nikt się nimi nie interesuje. Ukrywają się przed światem, prowadzą drobne interesy, często nieprzynoszące kokosów. Jaki z tego wniosek? Taki, że cały ten świat polskiej mafii był w jakimś sensie wielką iluzją – pękł jak bańka mydlana i trudno potraktować to jako katapultę do nowego eldorado.

A może po prostu żaden boss nie doczekał się córki z talentem literackim czy filmowym?

Tak, możliwe. Ale bardziej prawdopodobne jest to, że nazwiska rodzimych bossów nie znaczą tyle samo co nazwisko Kennedy. Tym ludziom zbyt krótko pozwolono się bawić.

I bardzo dobrze…

*

W 2000 roku sytuacja Masy w grupie stała się krytyczna. Doskonale wiedział, że po śmierci Pershinga starzy będą dalej czyścić mafię z niewygodnych elementów i on jest kolejny na liście do odstrzału. Ponieważ od kilku lat współpracował z policją, zwerbowany przez oficera Centralnego Biura Śledczego Piotra W., podjął decyzję o ostatecznym i jednoznacznym przejściu na drugą stronę. Zresztą niespecjalnie miał wybór – gdyby pozostał w grupie i wdał się w otwartą wojnę z zarządem, szybko podzieliłby los swoich przyjaciół: Kiełbachy czy Pershinga. A on chciał żyć i zapewnić bezpieczeństwo najbliższym.

W sierpniu 2000 roku złożył odpowiednią przysięgę, dzięki czemu stał się świadkiem koronnym, i rozpoczął składanie zeznań, które doprowadziły na ławę oskarżonych większość pruszkowskich bossów.

Decydując się na taki krok, doskonale wiedział, że rozstaje się z pewnym stylem życia; że godzi się na utratę tego, czym żył przez ponad dekadę i co – bądźmy szczerzy – sprawiało mu wielką frajdę. Przejście do podziemia – bo przecież świadek koronny żyje niczym konspirator, chroniony przez policję i ze zmienioną tożsamością – oznaczało koniec blichtru, luksusu, gigantycznego bogactwa, władzy i… panienek, które przewijały się przez jego życie setkami, a może nawet tysiącami. Pozostała żona, która zresztą zawsze przy nim była – na dobre i na złe.

Czy Jarosław Sokołowski żałuje swojego wyboru?

J.S.: Nie, stało się najlepiej, jak mogło. Jestem kimś innym, niż byłem, a to znaczy, że muszę żyć inaczej, niż żyłem. O tamtych czasach i tamtych panienkach mogę co najwyżej pisać książki. Gangster Masa już nie istnieje.

Tak samo nie istnieją mafijne królowe życia, których codzienność wielu dziewczynom, marzącym o bogactwie i poważaniu, wydawała się szczytem szczęścia. Żyją (choć nie wszystkie), ale zupełnie inaczej niż dziesięć czy dwadzieścia lat temu. Nie są partnerkami superbogatych i wpływowych mafiosów, ale trwają u boku ludzi złamanych i słusznie „przeczołganych" przez wymiar sprawiedliwości. Większość z nich ledwie wiąże koniec z końcem i chyba wszystkie mają świadomość, że dni ich chwały minęły bezpowrotnie. Trzeba było się przyzwyczaić do o wiele niższego standardu życia, którego nikt im nie zazdrości. A także do nieustającej obecności policji, która nie odpuści im najdrobniejszego nawet wykroczenia.

Tancerki go-go z tamtych czasów już nie tańczą i pewnie nie tęskno im do dekady, w której mogły być bezkarnie gwałcone i upokarzane. Dziewczyny z agencji towarzyskich ustatkowały się i prawdopodobnie skrzętnie ukrywają swoją przeszłość spędzoną w wątłym blasku czerwonych żarówek. Ale to, co przeżyły w burdelach, będzie do końca życia wracało w ich złych snach.

Dawne uczestniczki wyborów miss, nawet jeśli dobrze pokierowały swoim życiem, spoglądając w lustro, zapewne zadają sobie pytanie: czy warto było oddać siebie za koronę? Albo miraż korony...

I pewnie zarówno one, jak i inne bohaterki tej książki nie znajdują dobrych odpowiedzi na te i wiele innych dramatycznych pytań.

Gangsterska galeria według Masy

Janusz P. „Parasol"

Jeden z liderów Pruszkowa, wywodzący się z PRL-owskiej recydywy. Prymityw, troglodyta i sadysta, którego kobiety omijały szerokim łukiem. Mój zapiekły wróg.

Andrzej Z. „Słowik"

Wyjątkowo perfidna i brutalna postać. Inteligentny – umiał wkręcić się na pruszkowski szczyt, choć jego przeszłość drobnego złodziejaszka wcale tego nie uzasadniała.

Mirosław D. „Malizna"

Charakter i styl bycia – patrz wyżej. Na pewnym etapie odbiło mu i zaczął się uważać za szefa grupy.

Leszek D. „Wańka", brat Malizny

Zupełnie niepodobny do brata, skłonny do rozwiązań pokojowych, choć nie przesadzajmy – święty na pewno nie był. Jeden z najinteligentniejszych starych, mafioso-dżentelmen. W latach 80. uzależnił tysiące Polaków od amfetaminy.

Zygmunt R., ochrzczony przez media ksywką Bolo, a przez nas nazywany Zigim bądź Kabanem

Perfidny intrygant, przebiegły, a przy okazji maniak seksualny. Damsko-męskie zabawy najbardziej smakowały mu w czasie *Dziennika telewizyjnego*. Między 19.30 a 20.00 nie wolno było go niepokoić.

Ryszard S. „Kajtek"

Dusza człowiek, bardzo pomocny i współczujący. Jeśli z biegiem lat utracił swoje dobre cechy, to tylko dlatego, że zepsuli go kompani z Pruszkowa. Nie jego jednego, rzecz jasna. Przyjaźnił się ze wspólnikiem słynnego watażki z lat 50. Jerzego Paramonowa.

Wojciech P.

Warszawski biznesmen. Amator luksusu i pięknych kobiet, organizator wyborów Miss Polski. Nie był członkiem grupy pruszkowskiej, ale intensywnie się przy niej kręcił i sprawiał wrażenie człowieka doklepanego z „miastem".

Ryszard P. „Krzyś"

Najbliższy mi człowiek z zarządu Pruszkowa. Przez pewien czas się przyjaźniliśmy, ale szybko zrozumiałem, że zależy mu tylko na pieniądzach, które potrafiłem zarabiać. W rzeczywistości był równie wredny jak większość jego kompanów.

Marek C. „Rympałek"

Brutalny innowator, dokonał skoku tysiąclecia na konwój z pieniędzmi dla ZOZ. Autor wielu złodziejskich patentów. Bali się go nawet starzy.

Jerzy W. „Żaba"

Twardy „na mieście", potulny (przeważnie, choć z wyjątkami) pantoflarz w domu. Przez lata zaopatrywał kraj w narkotyki.

Jarosław M. „Chińczyk" albo „Jąkała"

Prawa ręka Żaby, nawiązał wiele międzynarodowych kontaktów w handlu narkotykami. Współtwórca tzw. szlaku bałkańskiego. Kobiety – nie on zresztą jeden – traktował przedmiotowo i z pewnym sadyzmem. Trzeba pamiętać, że był jeszcze jeden gangster o pseudonimie Chińczyk – Sławomir K.

Jacek D. „Dreszcz"

Stary recydywista. Miał kłopot z dostosowaniem się do nowych czasów, w których nie można było bezkarnie wydłubywać ludziom oczu i skręcać karków. Wielki autorytet w stołecznym półświatku kryminalnym przełomu lat 80. i 90. Zginął z rąk własnego syna, Cezarego (który też zginął z rąk gangsterów).

Andrzej K. „Pershing"

Jeden z najważniejszych bossów Pruszkowa, choć nigdy nie wszedł w skład tak zwanego zarządu. Stworzył strukturę konkurencyjną wobec starych pruszkowskich. Intelektualnie przerastał ich o głowę i najprawdopodobniej dlatego tę głowę stracił.

Wojciech K. „Kiełbacha"

Mój przyjaciel z czasów powstawania grupy pruszkowskiej, potem związał się z jej wrogami. Został zastrzelony pod sklepem spożywczym w Pruszkowie, ale media pisały, że był to sklep mięsny. Żeby pasowało do Kiełbachy.

Nikodem S. „Nikoś"

Legenda gdańskiego półświatka kryminalnego. Skłócony ze starymi (a mój przyjaciel), poniósł śmierć w jednej z gdyńskich agencji towarzyskich. Megaloman, choć z klasą. Miał wielkie parcie na ekran, co zresztą zaowocowało jego występem w filmie *Sztos*.

Henryk Niewiadomski „Dziad"

Dowódca grupy z Ząbek, przez media uważany za szefa mafii wołomińskiej. Wielu dziennikarzy uwierzyło, że był niewinnym starszym panem zakochanym w gołębiach. Prawda wyglądała zupełnie inaczej: był to zwykły wozak, który świetnie przyswoił sobie miejskie cwaniactwo i stał się bandytą.

Wiesław Niewiadomski „Wariat", brat Henryka

Niewykluczone, że to on był prawdziwym szefem grupy ząbkowskiej. Osobowość absolutnie zgodna z ksywką. Zginął tragicznie. Jak wielu.

Marcin B. „Bryndziak"

Szef jednej z bojówek Pruszkowa, przez dłuższy czas mój ochroniarz. Przez moment silnie związany z Rympałkiem. Człowiek, którego najlepiej było omijać z daleka. Mówili o nim, że gdy inni przestawali już bić, on się dopiero rozkręcał.

Dariusz B. „Bysio"

Moja prawa ręka, człowiek do wszystkiego – i zarabiania pieniędzy, i podawania mi drinków. Oddany mi jak mało kto. W czasie alkoholowej imprezy chciał uciąć sobie dla mnie palec. Na szczęście moja żona pokrzyżowała jego autodestrukcyjne plany.

Robert F. „Franek"

Opodatkował wszystkie lokale z automatami do gry w Polsce. Świetny menedżer. Zarabiał dla mnie wielkie pieniądze. Naprawdę bystry chłopak.

Spis treści